江戸の仕事図鑑　下巻　遊びと装いの仕事

飯田泰子　著

芙蓉書房出版

江戸の仕事図鑑　下巻　遊びと装いの仕事……目次

はじめに

『江戸の仕事図鑑 上巻 食と住まいの仕事』と題した絵本の姉妹編、「遊びと装いの仕事」をお届けします。絵で見て江戸時代の仕事が分かる「絵本」です。上巻では食住医療といった生きる上で最低限必要な仕事を取上げましたが、本書の主題は「衣」と「遊」。食住に比べて必須のものではないかも知れませんが、人らしく暮らすには欠かせないものです。本書も上巻同様約五〇〇点の図版を使用して、二〇〇種の仕事を紹介します。職業を選ぶにあたっては元禄三年（一六九〇）に刊行された『人倫訓蒙図彙《じんりんきんもうずい》』、江戸後期に複数年に亘って上梓された『守貞謾稿《もりさだまんこう》』を始め、各種の「職人尽歌合《しょくにんづくしうたあわせ》」などを参考にしました。登場するのは職人、商人の他、芸人や詩歌、文芸などの表現者たちです。

　各章の内容は第一章、二章が「装い」。あえて章を分けたのは、庶民の形《なり》と貴族や武士階級のそれとは趣を異にするからです。一章では衣類が出来上がるまでを「衣服」として扱い、順を追って見ていきます。絹を生む繭を作ることから反物になって店に並び、仕立てるまで、ついでに洗濯にも触れています。この他履物や傘、笠、袋物などの手回品に続いて髪と化粧など、身形を整えるためのものを作り、あるいは技を売る人びとをご紹介。続く二章は公家の被り物と武士の道具。これらは直接庶民の暮らしには関わらないものですが、仕事をするのは職人です。なかでも鉄を扱う鍛冶はもの作りの原点。刀鍛冶、鉄砲鍛冶は武具を鍛造、庖丁鍛冶や農具の野鍛冶は暮らしの道具を作ります。

三章の主題は趣向を変えて「学び」。江戸時代の識字率は九割を超えるという説もあれば、さすがにそれないだろうと諸説あるようですが、少なくとも商家に奉公する者は、いつまでも下働きの小僧に甘んじるわけにもいかないので、幼い頃から読み書き算盤は習ったようです。商売柄職人には要らないようにも思えますが、それでは面白そうなことが書いてある瓦版《かわらばん》も読めません。学問などという大それたまねは本職に任せればいい。その本職の人たちを「知恵者」として、さらに書画文芸に携わる「表現者」、それを世の中に流布する出版の仕事を「文字を通して世の中を知る」を主題に紹介しています。

続く第四章は遊びの世界。昭和の頃には健在だった凧揚げ羽根突きシャボン玉など、江戸の子供たちが戯れる玩具から大人が嗜《たしな》む雅な道楽や雅でもない道楽まで、広義の遊びに関する物を売り、指南《しなん》する仕事を見ていきます。大人が「買う」色里の様子もありますので、覗いてみてください。幕府公認の里ばかりでなく、フリーランスの女たちもいますので。

締めくくりの第五章は「芸能」。木戸銭を取って見せる芝居や寄席は興行。寺社の境内や往来でやる諸芸は大道芸としてまとめました。最後の方には経巡《へめぐ》るタイプの「門付《かどづけ》」の芸人が出てきますが、なかには俄には信じられない芸当を見せる者もいます。装いも遊びも、世の中が落ち着いたからこそ求める人たちがいて、提供する職人、商人、芸人が生きた江戸時代。そんな人びとが自由に羽ばたく江戸時代の仕事の世界を御堪能下さい。

第一章・装い（一）

衣類と装いの小物

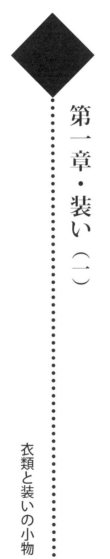

衣服

綿■綿師◆綿屋◆綿摘◆練物張物師◆木綿打

糸■糸屋◆簑師　**組紐**■真田紐売り◆組糸屋　**織**■機織◆筬掻◆縫箔師◆箔師

染■染匠◆帷屋◆紺屋◆紅師◆茶染師◆紫師◆形彫◆鹿子結◆更紗屋◆布曝◆湯熨師

反物■呉服店◆木綿屋◆切屋

仕立■仕立物師◆縫物師匠◆糸針屋◆物指師◆針鉄師◆縫物師◆針磨◆縫針師

着物■古着屋◆竹馬古着屋◆合羽師牙婆◆羽織師◆羽織紐直し◆素襖屋　**足袋**■足袋屋◆革師

洗濯■洗濁屋◆悉皆屋◆姫糊売り◆簇師

■傘笠蓑に被り物、草鞋高下駄裸足も行く道中の図
（北斎画譜）

履物

下駄■下駄屋◆足駄歯入　草履■草履造◆尻切師　雪駄■雪駄傘屋◆雪駄直し◆雪駄師

袋物小物

袋物■袋物屋◆巾着師◆印籠師◆紙入師◆銀師◆玉磨◆眼鏡売り

扇■扇屋◆扇折◆竹屋◆団扇師◆団扇売り　喫煙具■煙管師◆羅宇師◆羅宇屋◆煙草屋

傘と笠

傘■傘張◆古傘買◆傘屋　笠■笠縫◆編笠◆塗笠◆塗笠

髪

結髪■髪結◆廻り髪結◆床屋◆元結師◆おちゃない

髪飾り■櫛挽◆角細工◆造花屋◆簪売り◆小間物屋◆小間物売り◆鼈甲師

化粧

化粧■白粉師◆眉作◆蘭麝粉◆鏡師　風呂■湯屋◆手拭見世

装い（一）

装いの美を求め、極める江戸の二百年

■江戸の初期に町奴が粋がって着た「かまわぬ」模様。七代目團十郎がこの印を好んで人気になり、当時の江戸っ子は手拭に染めたり、小物にあしらったりした（近世奇跡考）

国内の綿花栽培が軌道に乗り、高価な絹や麻に替わって綿織物が広く流通し始めたのが江戸時代。着物や羽織ばかりでなく、足袋、股引、前垂《まえだれ》、腹掛など、圧倒的に綿布が使われ出す。足袋以下はともかく衣服で自分らしさを出したいと思うなら、織りや染めに拘《こだわ》るだろう。縞一つ取っても数多ある中から何を選ぶか、大問題である。懐に余裕ができれば縮緬《ちりめん》だの友禅だのと欲も出る。直線断ちの衣類は仕立てれば皆同じで、拘る所は生地といえる。

帯は特に「いなせ」な良い男ぶりを見せたい御仁には大切な物だし、履物は男も女も鼻緒を重視。そうした江戸時代の装いの有様をまずは「衣服」と題してご紹介する。長丁場になるが、布地から仕立、洗濯まで基本的な事柄を流れを追って見ていく。

●天下を揺るがした天保の改革　八代将軍吉宗の「享保の改革」、老中松平定信による「寛政の改革」に次ぐ江戸期最後の大改革が天保十二年（一八四一）に始まる。音頭を取ったのは老中水野忠邦。贅沢を慎み、倹約せよと大鉈《おおなた》を振るった。江戸っ子の楽しみ、芝居町が危うく潰されそうになり、役者も被害を被った。外出には編笠が義務づけられ、人気絶頂の七代目市川團十郎は奢侈《しゃし》禁

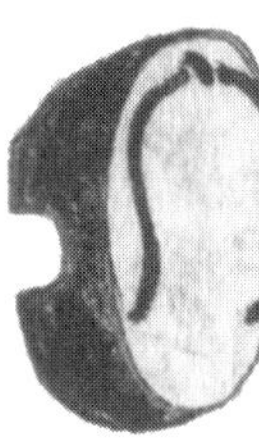

■黒漆塗の半四郎下駄。江戸の女形岩井半四郎が愛用して流行ったもので、この名がある。染め色にも役者の名を冠した芝翫茶、路考茶などがある（守貞謾稿）

止令に背いたとして江戸追放の目に遭っている。

●装いの世界にも激震　装いにまつわる禁止事項は細々《こまごま》あった。縮緬が禁止され、当時人気だった履物の鼻緒に用いた天鵞絨《びろうど》も使えなくなり、真田紐で代用したという。また、礼服、晴れ着などの裏地も表と同じではなく、地味な茶にせよ、などなど。

　大坂では男子の日傘と女子の羽織が禁止。ちなみに江戸は以前から禁止されていたせいで命令は出なかった。江戸はもとから男の浴槽と女の浴槽が分れていたため問題なしだが、京坂の風呂屋では混浴が禁止になっている。

『守貞謾稿』には悲惨な例が載っている。日本橋照降町《てりふりちょう》に当時流行の縞木綿や上等の紬を扱い、流行ものなら何でもあるという通称「贅沢屋」。値段はよその倍だが贅沢な時代に合わせて大変繁盛したが、改革の時お咎めにあい、主人は牢死という。改革が不首尾に終わった後、主が替わって店は復活したとか。

●改革の顚末　わずか二、三年の厳しい期間ではあったが、当時の人びとはただ我慢するのではなく、裏地に凝るなど目立たないような工夫でお洒落をした。やがて流通の仕組を始め、政《まつりごと》の重要課題はほとんどうやむやになり、装いに関してもめでたく旧態に復した。芝居も少し遠くなりはしたが、浅草でどっこい生き残ったのである。食と住が調えばそれでいいというものではない。人生を謳歌するにはまともな形《なり》をして、時には娯楽も必要だ。

衣服

装いの要、身に着ける衣服について糸作りから見ていく。織り、染めを施した布地を商う者、仕立てる者がいて衣服が作られ、身にまとって形《なり》が整う。

■繭を煮て糸を引く蚕婦（山繭養法秘傳抄）

綿師《わたし》

『人倫訓蒙図彙』には農夫の仕事としてするもので、桑を育て、蚕を養い、出来た繭を煮て綿を作るとある。いわゆる養蚕家のことで、「綿」は絹の意味。

■蚕を飼って綿をとる女性を「蚕婦」という（頭書増補訓蒙図彙）

綿

■桑の葉を食む蚕の様子を見る綿師（人倫訓蒙図彙）

■右上は結んだ真綿、その下は綿摘の様子。続いて白い実が付いている綿の木。麻苧は茎の皮の繊維から糸に作る（商売往来絵字引）

綿屋

●わたや

絹布を扱う店に真綿を売ったり、摘綿《つみわた》を商う。摘綿は小袖に用いる真綿のことで、表地と裏地の間にこれを入れて仕立てる。

■綿屋（人倫訓蒙図彙）

綿摘

●わたつみ

塗桶に真綿を被せて伸ばし、綿帽子や小袖に入れる綿を作る。綿帽子は綿を広げて作る被り物で、江戸中期には花嫁が祝言に被り、角隠しの元という。

■綿摘（人倫訓蒙図彙）

綿●木綿が普及するのは江戸時代のことで、当時は単に綿といえばコットンではなくシルクを指す。流行るにつれて木綿を綿と呼ぶようになると本来の綿は真綿といって区別。昨今、本来の電話を固定電話というように。

練物張物師

●ねりものはりものし

絹を練り、張物をする仕事。絹を練るとは、煮ることで生糸に含まれる雑物を取除き、しなやかにする作業をいう。専門の練物屋もあるが、染物や洗濯《せんだく》（38頁参照）を兼ねるところもある。

■絹を練る練物張物師（人倫訓蒙図彙）

綿

■木綿打（人倫訓蒙図彙）

木綿打

●きわたうち

木綿《きわた》の実から種を取除いたものを「繰り綿」といい、これを打って柔らかくするのが綿打。唐弓《とうゆみ》と称する鯨の筋を弦にした弓形の道具で打つ。

糸屋

●いとや

唐船（中国船）が着岸した時に、長崎で買付けて絹屋や組屋（組紐屋）に売ると『人倫訓蒙図彙』にはある。本が出た江戸初期は、絹は白糸《しらいと》と呼ばれた唐糸が全盛だが、次第に和糸の扱いも増えた。庶民相手の糸屋は縫糸を売る店（31頁糸針屋参照）。

■束ねた糸を量る糸屋（人倫訓蒙図彙）

糸

籆師

●わくし

籆は四本足に横木を渡した、いわば枠。紡いだ絹糸、木綿糸を巻取る道具をいう。左図で職人の脇に置かれているのが製作中の大小の籆。巻かれた糸は取外し、束ねて商品となる。

■部材の木を削る籆師（人倫訓蒙図彙）

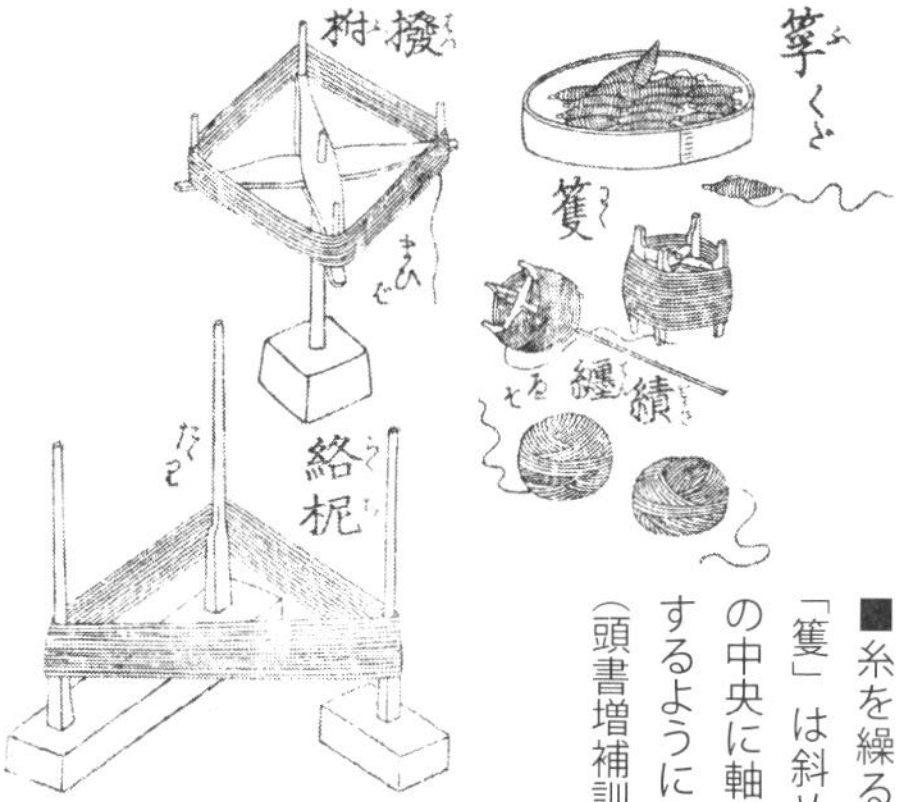

■糸を繰る道具の色々。「籆」は斜めに渡した木の中央に軸を刺し、回転するようになっている（頭書増補訓蒙図彙）

組紐

真田紐売り

●さなだひも

真田紐は戦国武将の真田昌幸が刀の柄巻に使ったところからの名という。木綿糸を平らに組んだ丈夫な組紐で、履物の緒や羽織の紐、前垂の紐などに使われた。

■紐に物指を当てる真田紐売り（今様職人尽歌合）

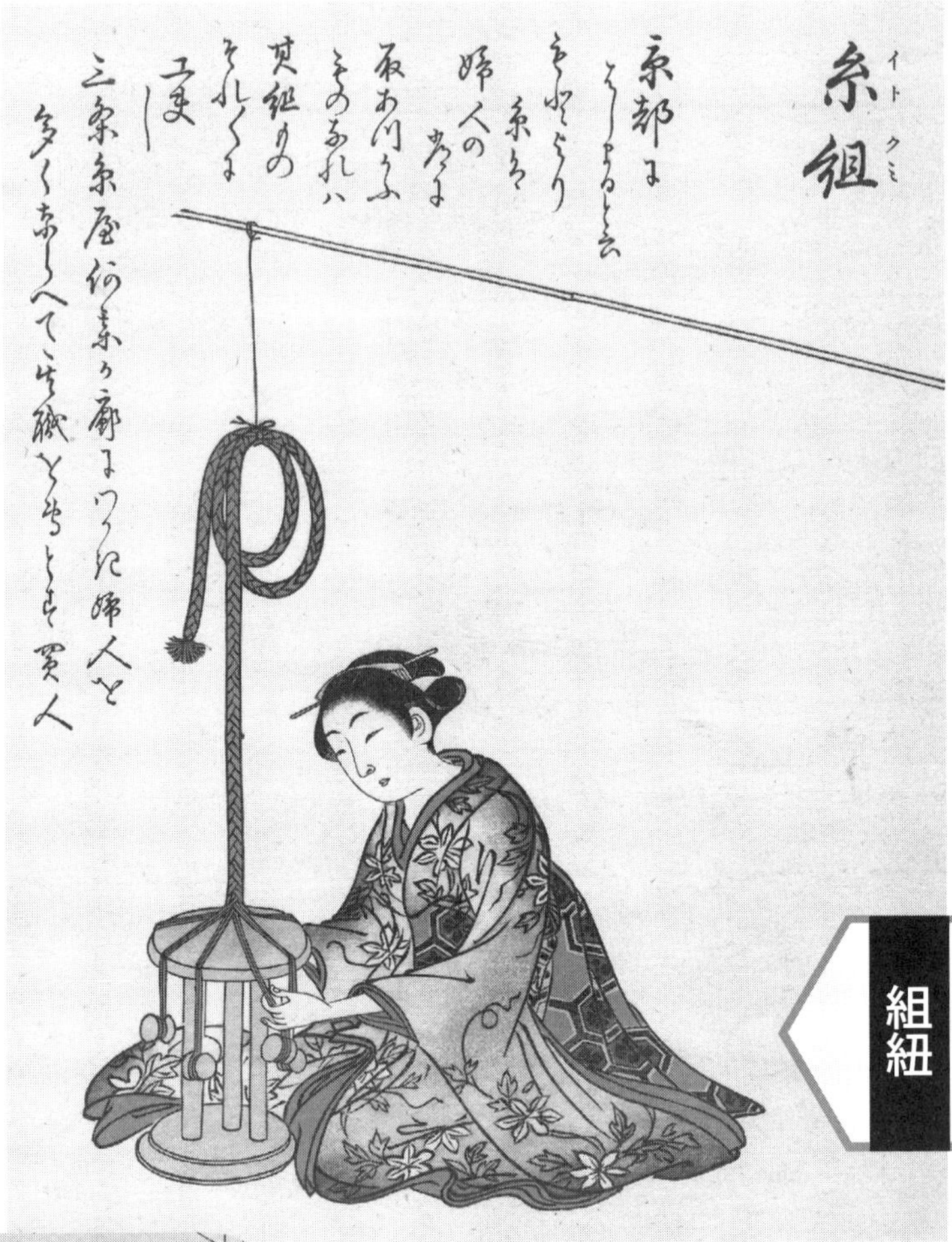

■糸の先に錘玉を下げて丸紐を組んでいる。ちなみに前頁の真田紐は平紐（彩画職人部類）

組糸屋

●くみいとや

組屋ともいい、組紐を作る仕事。織る、編むとは異なる「組む」とは、お下げ髪の三つ組（三つ編み）のように、互い違いにして束ねた糸を組んで作る。組紐の用途は広く、羽織紐や刀の柄巻の他、公家の髪結にも組紐を使った。

織

江戸時代の布はすべて天然の繊維。絹、木綿、麻ということになる。『頭書増補訓蒙図彙』には上機《かみはた》で色々な織物を、下機《しもはた》で布木綿などを織るとある。織物とあるのは華麗な紋様の絹織物のことで京西陣が本場。江戸期に木綿が広まるまで、庶民の衣類はほとんどが麻で、単に布といえば麻を指す。

■右手に持つ杼《ひ》という道具で横糸を通していく（絵本士農工商）

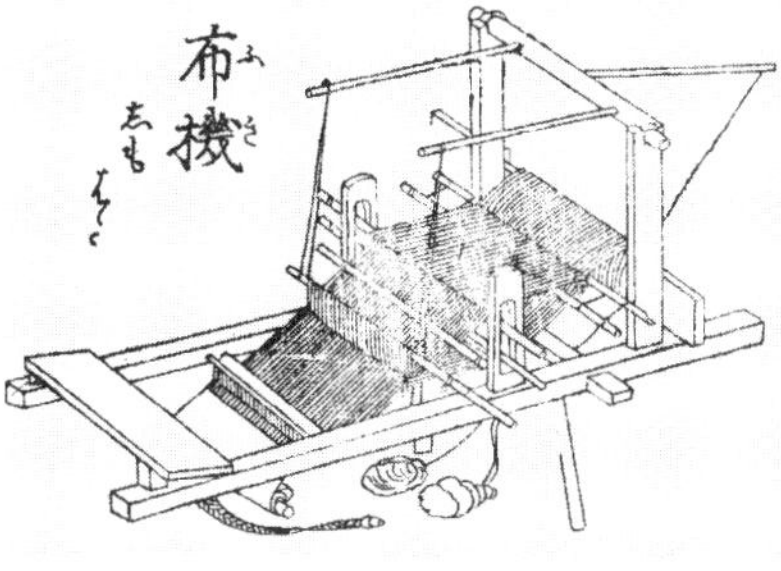

■主に麻、木綿を織る下機。躄機《いざりばた》とも呼ばれた古くからある手織機で腰を落とし、足を投げ出して織る（頭書増補訓蒙図彙）

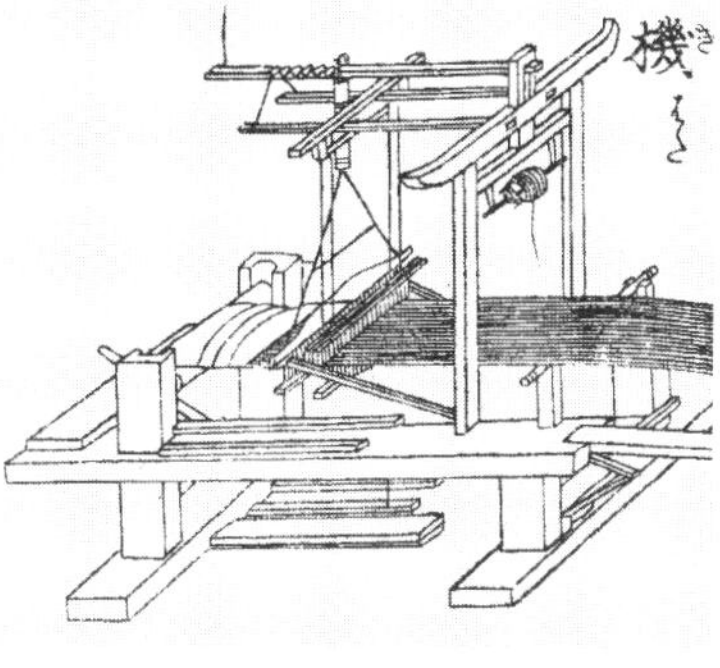

■腰掛けて織る上機。縦糸を通し易くする仕掛を足で操作出来るようにした画期的な織機で、複雑な紋様の錦などの絹織物はこれで織る（頭書増補訓蒙図彙）

■錦（萬物雛形画譜）

織

■左手を添えているのが筬、右手に持つのは杼。「織殿」は機織の京坂の呼び方（彩画職人部類）

筬掻

●おさかき

竹を削って機織の道具を作る職人が筬掻。「筬」は横糸を通した後、織目を締める櫛状の道具。下図中央の「杼《ひ》」は中に巻いた横糸を収めてあり、縦糸の間をくぐらせるもの。「綜」は杼の通り道を作るための仕掛の道具。

■筬を作る職人（人倫訓蒙図彙）

■左から筬、杼、綜。綜は模様が複雑になればなるほどたくさん使う（頭書増補訓蒙図彙）

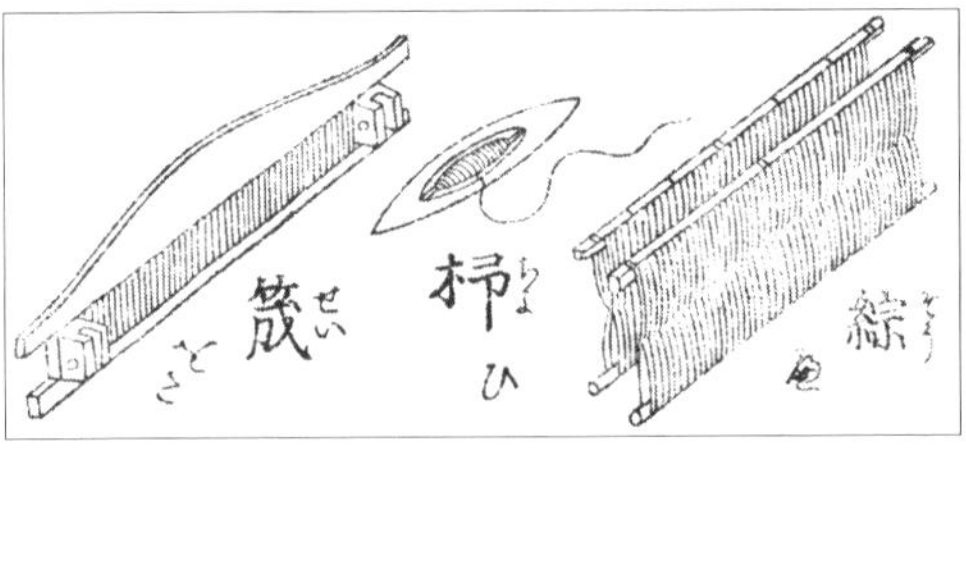

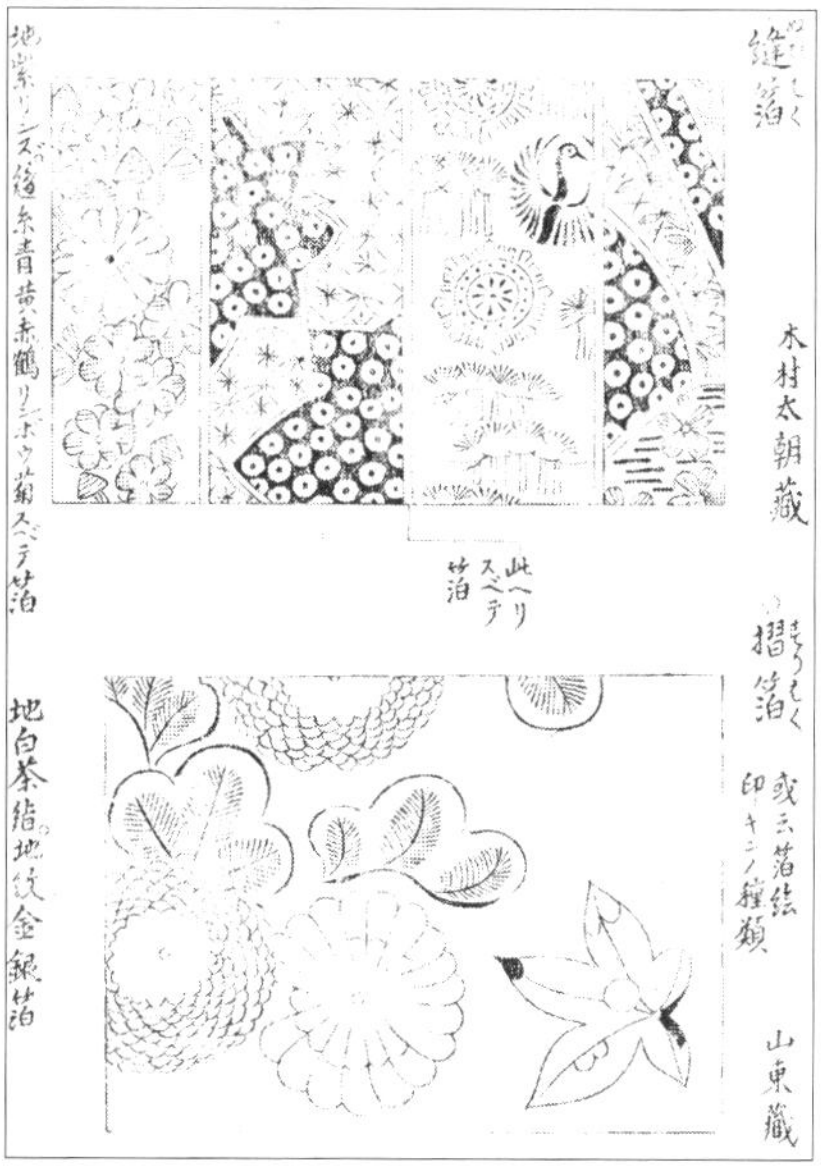

■縫物（刺繍）と摺箔を併用した縫箔の裂。下は摺箔（近世奇跡考）

縫箔師

●ぬいはくし

縫箔は刺繍と金銀箔を使う「摺箔《すりはく》」の技法で絹布に模様を施すことをいう。摺箔は型紙を使い、模様を切抜いた所に糊で箔を摺り付ける表現法だが、江戸の後期には箔の代わりに金糸銀糸で刺繍したものも縫箔といった。いずれにしろ仕立てれば豪華絢爛《ごうかけんらん》な衣裳になる。

■「縫箔の金糸銀糸は手のうちに家繁昌の模様見せたり」。箔は使わない縫箔師のようだ（宝船桂帆柱）

■箔は親方が一挺、弟子が二挺の槌を持って向い合いで打つ（人倫訓蒙図彙）

箔師

●はくし

金銀を打って薄く延ばして箔を作る。『人倫訓蒙図彙』には一歩《いちぶ》の金を四寸箔五百枚に打つとある。一歩金（一分金）は四枚で一両小判に相当。これを約十二センチ角の箔にするということ。

染匠

●せんしょう

『頭書増補訓蒙図彙』には染匠は紅屋、紺屋、茶染屋といった類の染物の職人だとある。色別以外にも型染めや絞染など、各々の染め方で専門職がいたが、総称が染匠。

■友禅染の紋様を描く職人（絵本士農工商）

■染匠（頭書増補訓蒙図彙）

帷子屋

●かたびらや

江戸時代に帷といえば夏に着る麻、木綿、絹の単衣物。どんな模様でも注文通りに染めさせて、商うのが帷屋だと『人倫訓蒙図彙』にある。嶋（縞）は近江の高宮から出荷されるともいう。

■帷屋（人倫訓蒙図彙）

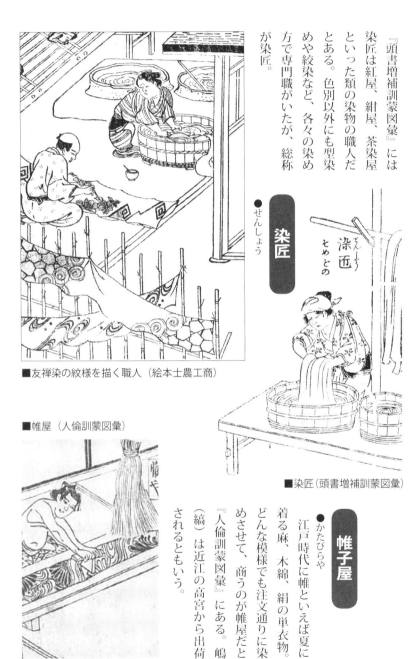

■これから染める生地を手に持ち、藍瓶の前に立つ職人（絵本庭訓往来）

染

紺屋

●こうや

紺は藍の濃い色をいう。紺屋はその藍染の職人のことで、染料の藍玉を煮溶かす時に鍋を掻き回す仕草から「紺掻」ともいわれる。商人も職人も皆、藍で染めた縞や小紋の衣服を好んで着た江戸時代、町には後にジャパニーズブルーと賞賛される藍が溢れていた。

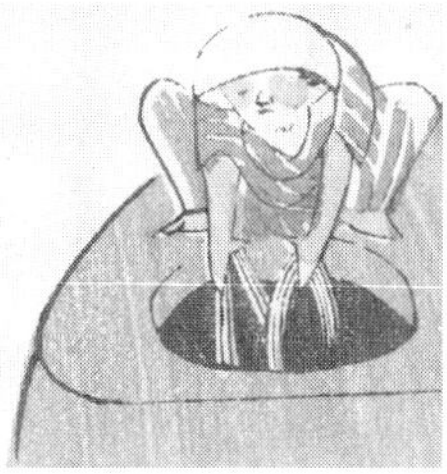

■藍瓶に少しの間浸けただけの淡い藍色もあり、これを瓶覗《かめのぞき》という（諸職人物画譜）

色染め●江戸時代は布地の染め色は藍が圧倒的に多かったが、伝統の色がいくつもある。

紅師

●もみし

紅花で染めるのが紅染、職人は紅師。

茶染師

●ちゃそめし

色々な茶に染める茶染師は宮中の御用達を務める者もいる。

紫師

●むらさきし

高貴な色、紫に染める紫師。紫は赤みのある京紫の他、濃い赤ともいえる茜染や青みが優った江戸紫など。

形彫 ●かたほり

小紋の細かい柄の連続模様や紋所の染め型（型紙）を彫るのが形彫。江戸期には柿渋《かきしぶ》で張り合わせた美濃紙で作る伊勢型紙が諸国に流通。鮫《さめ》、青海波、麻葉など、安定した人気の紋様が豊富にあった。

■芝居の顔見世帰りの町人。いずれも小紋か縞を身につけている（戯場粋言幕の外）

■形彫。紋様を彫って染めの型紙を作る（人倫訓蒙図彙）

染模様

■関係者以外使用禁止の葵紋（徳川氏並諸家指物）

■雁紋の色々。背景の黒色部分が染め色となり、紋様を白抜きにする。左上の鬼兜、蝶兜のような細かい柄は輪郭だけ染め抜いた後、細部を描き足す（標準紋帖）

染抜き紋●正装には紋付の羽織が欠かせない。その紋にも技法が色々あるが、一番格式の高い入れ方が染抜き紋。型紙を使って紋の図柄を白く残す。ちなみに背中、両袖、両胸の五カ所に入れる五所紋が正式。

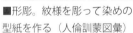

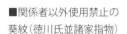

■鹿子結（人倫訓蒙図彙）

鹿子結

●かのこゆい

絞染《しぼりぞめ》のひとつ、鹿子絞りのいわば下ごしらえをするのが鹿子結で、主に女性の仕事。染める生地を所々きつく縛って、その部分を染めた後に白い斑《まだら》模様が残るようにする。名の由来は鹿の毛の白い斑紋、鹿子斑。

更紗屋

●さらさや

江戸市中には「風流染更紗落ちぬ更紗」を謳い文句に唐更紗染所を看板に掲げる更紗屋がある。落ちぬとは色落ちしないの意味で、粗悪品が出回る中で自家の更紗を宣伝している文句。

■染めた後に洗って結んだ糸を解くと鹿子紋が現れる（人倫訓蒙図彙）

■唐更紗。唐土で染められて渡って来たもの（商売往来絵字引）

■布団皮にも使われた更紗（頭書増補訓蒙図彙）

型染め●型染めには型紙で紋様を抜く手法の他に、印刷型とでもいう方法がある。版木を彫って刷る本作り同様に板に紋様を彫る。この「版木」に染料を付けて生地に圧すやり方で、代表が更紗。江戸期には良質な唐更紗が輸入されたが、これを真似て作るようになり、和更紗が生まれる。

布晒

●ぬのさらし

染めるのではなく、生成りの糸で織った麻布を晒して白くするのが布晒。京の宇治で始まり、今は奈良が第一だと『人倫訓蒙図彙』にある。奈良晒は江戸幕府開府前からあり、麻織物の最上品。

■布晒。晒し賃は一疋(二反分)で一匁八分という。三十疋で一両見当か(人倫訓蒙図彙)

湯熨師

●ゆのしし

染めた布地に湯気を当てて布目を整えるのが湯熨師。洗った後、伸子張《しんしば》り(39頁参照)や板張りできっちり伸ばすと独特の風合を損ねる縮緬《ちりめん》などに適したやり方だ。

■湯気で皺や縮みを伸ばす湯熨師(人倫訓蒙図彙)

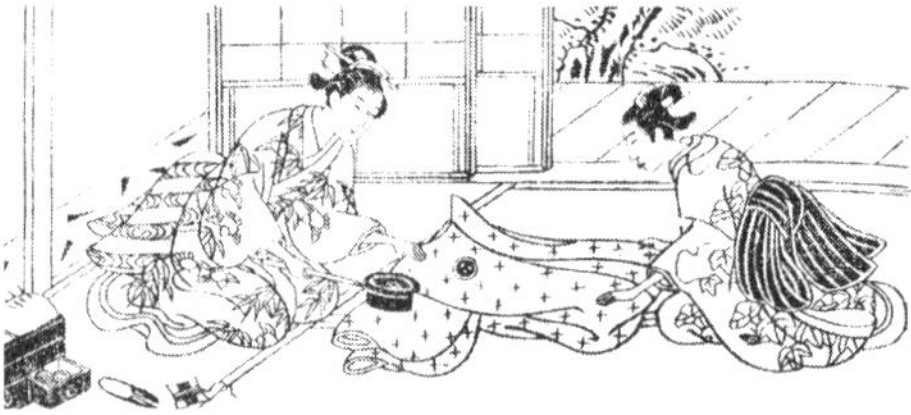

■紋付の小袖を仕立て、仕上げに火熨を当てているところ(女遊学操鑑)

火熨●「熨《の》す」は広げる、平らにするという意味。湯で熨すのが湯熨、火が火熨。柄の先に炭火を仕込んだ器が火熨で、これを直に布に当てる。裁縫、洗濯の後の仕上げに使う。

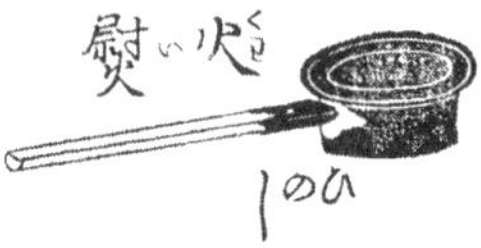

■火熨(頭書増補訓蒙図彙)

反物

■掛値なし呉服物いろいろ現銀安売りと書かれた暖簾が下がる呉服屋（絵本士農工商）

■はいはい縮緬に良いのがございますと愛想をいう主人（宝船桂帆柱）

呉服店

●ごふくだな

江戸時代に呉服といえば絹織物のことをいい、呉服屋は問屋もしくは直接機織から仕入れて反物を売った。商いのやり方は、ものを売買いするのにつけが当り前の時代にあって「現金掛値なし」。日本橋の三井越後屋が始めたことで、呉服屋は皆この商法を取入れたという。

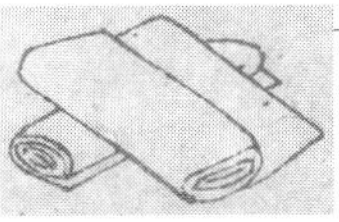

■反物。上が生絹、下は縮緬（商売往来絵字引）

反物●反は織物に使う単位で反物は着物や羽織が一着分仕立てられる長さの布地のこと。着尺物《きじゃくもの》ともいい、江戸期の長さは10メートル内外。羽織用は着尺物より幾分短い。

木綿屋

●もめんや

丈夫で長持ちする木綿は江戸時代の庶民にとって最も身近なもの。産地は諸国にあったが、東は下野国《しもつけのくに》(栃木)の真岡木綿《もおかもめん》。西は三河木綿に河内木綿が名高い。柄織りの代表縞木綿や晒木綿など種類は豊富。

■反物が堆く積まれた木綿屋（人倫訓蒙図彙）

切屋

●きれや

裁ったあとに残る端切れを買い集めて売る。また、客の望みに従って必要なだけ反物を切って商う。反物は通常一反ずつ売るので、袋物などを作りたい向きには重宝したろう。

■珍しい柄の切（裂）を吊るした切屋（人倫訓蒙図彙）

■呉服太物商の看板（守貞謾稿）

■現銀掛値なしの呉服太物商。芯木に巻いた反物は絹（呉服）、客の前に置かれた畳んである白地の反物は木綿（太物）のようだ（頭書増補訓蒙図彙）

呉服と太物《ふともの》●細い絹糸に比べて麻や木綿の糸は太く、これで織った織物という意味で麻布や木綿布のことを太物と呼んだ。太物屋の看板を掲げる店ばかりでなく、呉服も兼ねる「呉服太物所」も多かった。

■大伝馬町木綿店。木綿問屋が軒を連ねる日本橋大伝馬町。日本橋に近いこの町は木綿だけでなく呉服問屋も集まる織物商いの本場だった（江戸名所図会）

反物

仕立

仕立物師

●したてものし

工賃を取って裁縫をする職人が仕立物師。仕立屋ともいう。主な仕立物は江戸期には誰もが着た袖口の狭い「小《こ》袖《そで》」。図は二点とも女だが、男子の仕事でもある。

■縫いかけの小袖を広げる仕立物師（今様職人尽歌合）

■布を裁って縫うのが仕事（宝船桂帆柱）

縫物師匠

●ぬいものししょう

針仕事は女の嗜《たしな》みとされ、皆小さい時分から習った。『守貞謾稿』には京坂の女子は十三、四までは習字などを習わせ、その後は縫物師匠の家に通わせるとある。この師匠は夫に先立たれた女性がなるともいう。江戸では母や姉に習うせいか、仕立屋はいるが縫物の師匠はいない。

■江戸の娘たちは家族の女たちから針仕事を学ぶ（女遊学操鑑下）

糸針屋

●いとはりや

縫物に必須の糸と針。糸は糸屋で針は針屋でと別々に売られるものだが、江戸後期には一緒に売る店が現れる。針指《はりさし》や鋏、物指といった針仕事に要るものを揃えるところもあって、客には重宝の店。

■糸針屋（宝船桂帆柱）

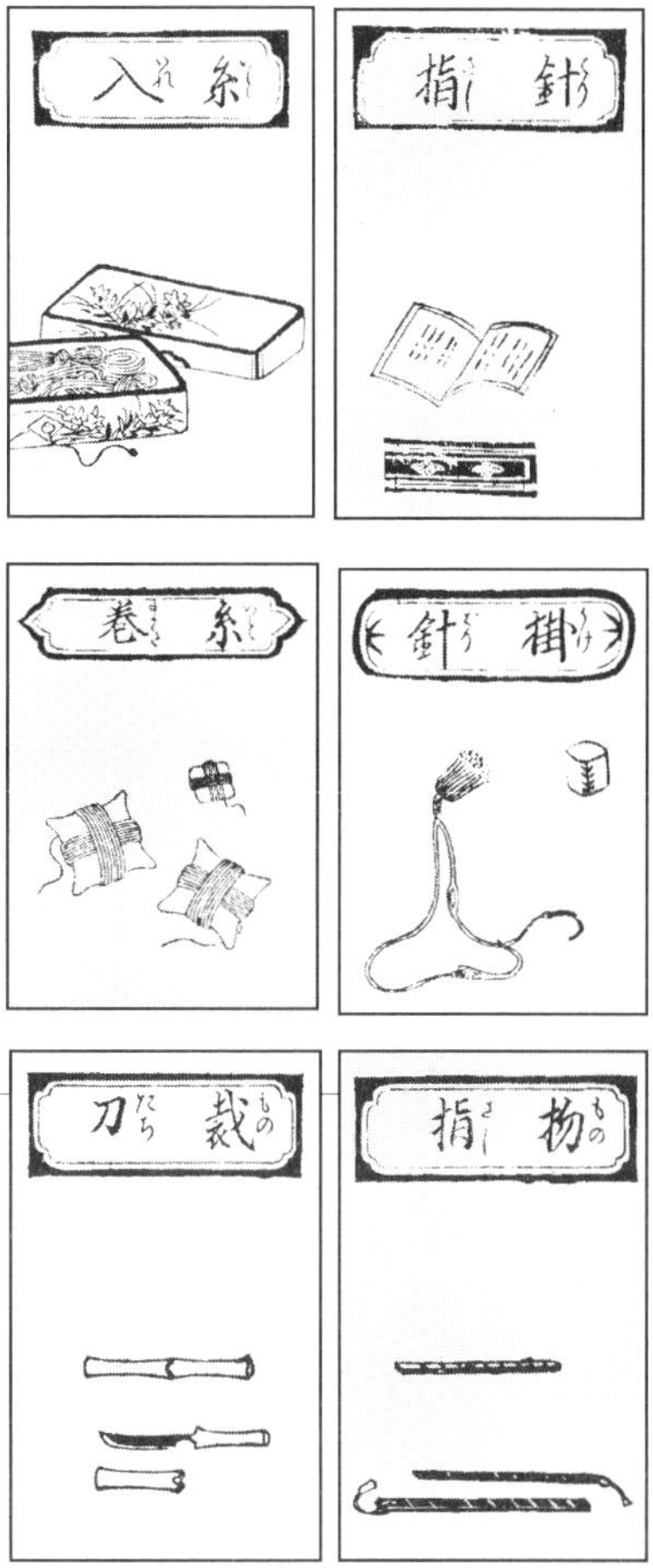

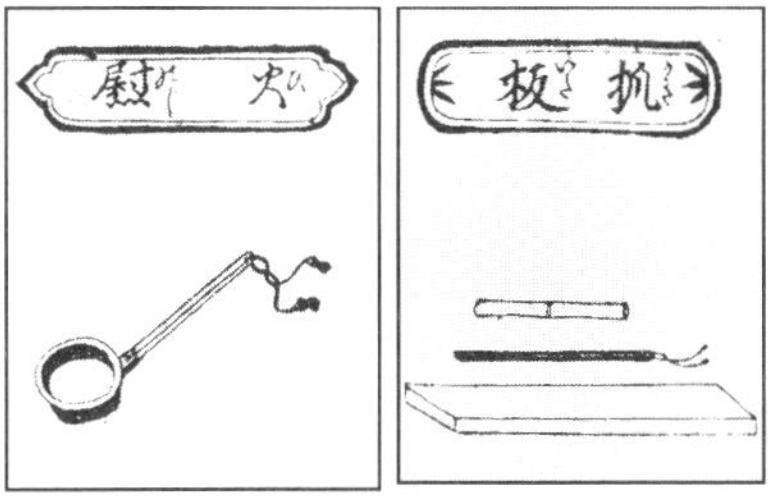

■裁縫道具の色々。右上から針指、糸入、掛針、糸巻、物指、裁刀、抓板、火熨。火熨は皺を伸ばすもの（女用訓蒙図彙）

物指師

●ものさしし

仕立物に使う物指は呉服尺《ごふくじゃく》。大工の持つ曲尺《かねじゃく》は江戸時代において長さの基準になるもので、一尺(十寸)は約三十センチ。呉服尺は曲尺の一尺二寸を一尺として作るもので、実寸は長い。裁縫の指南書の表記も呉服尺の値となる。

■竹で物指を作る物指師（人倫訓蒙図彙）

■針鉄師（人倫訓蒙図彙）

針鉄師

●はりがねし

鉄、真鍮、銅で作る。針の材料にする他、物を巻くのに使う。銅製は籠に編んで虫籠にしたり、金網の窓にしたりする。

縫物師

●ぬいものし

■縫物師（人倫訓蒙図彙）

縫物●刺繍も縫物という。『人倫訓蒙図彙』には「縫物師」の項で諸々の衣裳その外織物に様々の糸で模様を縫い表すとある。

針

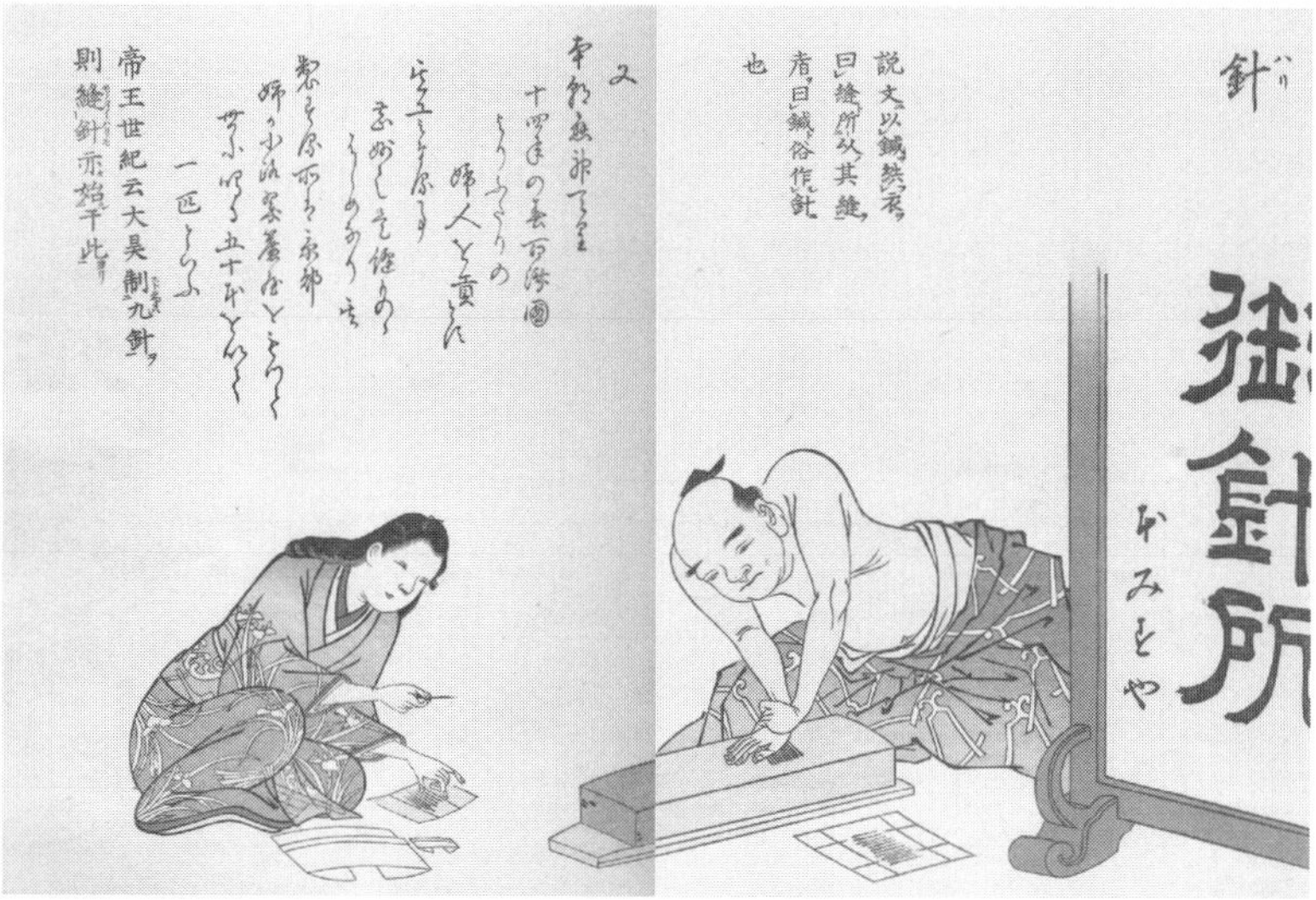

■置き看板に「御針所　本みすや」とある（彩画職人部類）

針磨

●はりすり

『人倫訓蒙図彙』には「針摺」として針立《はりたて》（針医者）が用いる針を作るとある。別の本には京都姉小路の名物になっており、三条寺町に多くこの仕事をする人がいるという。

縫針師

●ぬいばりし

針には衣服を縫う縫針と針医師が施術に使う針（鍼）がある。古くは「針磨」といい、どちらも作っていたようだ。江戸時代には裁縫用専門の縫針師が京を始め各地にいて、かつての名工の名にちなんで皆「みすや」と名乗っている。

■縫針師（人倫訓蒙図彙）

■安い安いと客に勧める古着屋主人（宝船桂帆柱）

■京坂では古手屋という（人倫訓蒙図彙）

古着屋

●ふるぎや

絹布、木綿などの反物から足袋、帯にいたるまで、古着や質の流れを買い集めて商った。江戸市中には日本橋富沢町を始め同業者が集まる町がいくつもあり、なかには店の前の道に筵を敷いて古着を並べる所もあった。

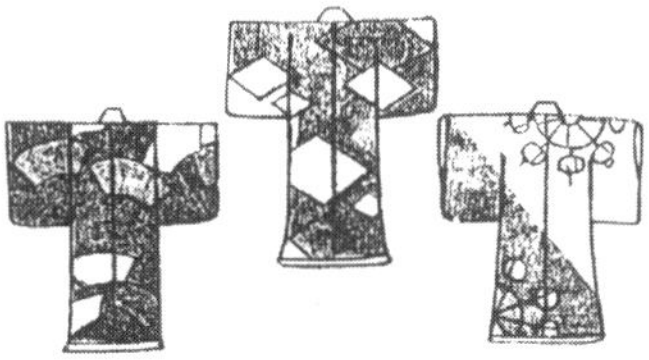

■古着は店に吊して売られた（商売往来絵字引）

竹馬古着屋

●たけうまふるぎや

竹籠の四隅に足を付けた「竹馬」という道具に荷を入れて売り歩いたのでこう呼んだ。古着の他、古着を解いて衿や裏地に分けて売る。京坂にはない江戸の商い。

■古着の行商人、竹馬古着屋（守貞謾稿）

■揃いの合羽を着た越後獅子の一行（奥羽道中膝栗毛）

合羽師

●かっぱし

「かっぱ」は南蛮渡来の衣服で、彼らが着ていたものを真似て作ったのが始まり。合羽のない頃は皆蓑《みの》を着けて雨風を凌いだ。合羽には桐油《とうゆ》をひいた桐油紙で作る桐油合羽と木綿の丸合羽があり、広げると丸くなる丸合羽は主に道中用。

■斜めに布を裁ち、はぎ合わせる合羽師（人倫訓蒙図彙）

牙婆

●すあい

牙婆とは本来は売買の仲買をする人のことだが、江戸中期には衣類を主に売り買いしている。

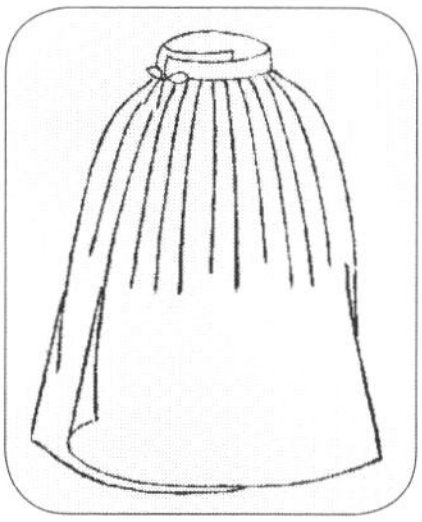

■引回して着る合羽（頭書増補訓蒙図彙）

■牙婆（頭書増補訓蒙図彙）

着物

着物

羽織師

●はおりし

江戸時代に羽織はあくまでも男子の礼服。深川の辰巳芸者《たつみげいしゃ》などは皆羽織を着たが、一般に女性が着るようになるのは江戸の後期で、それまでは半纏を着たという。羽織師は他に袴、足袋も仕立てた。

■羽織師（人倫訓蒙図彙）

羽織紐直し

●はおりひもなおし

『守貞謾稿』に天保年間（一八三〇～四四）に初めて、大坂の町を回って羽織の組紐の傷んだのを即座に直して歩いた年寄りがいるとある。

■羽織紐直し（守貞謾稿）

■羽織。紋は五つ紋が正式。裃、羽織、衣服ともに十六弁の菊と三葉葵は一般人は使えない（商売往来絵字引）

素襌屋

●いろや

素襌とは喪服の事。江戸にはなく京坂だけにある葬儀の衣類を貸して貸賃を取る商売。京坂では葬送の時に親族は無紋の麻裃。色は白か水色。衣服は白絹で夏は白晒布のものを着る。女性は白絹、白麻布の衣服に白絹白綸子《しろりんず》帯。裕福な者は弔いのある度に作るか常に用意をしておくが、普通の家では素襌屋から日借りをする。ちなみに江戸では親族でも染服に小紋の裃。

■裃（商売往来絵字引）

足袋

■足袋屋の看板。上方は屋号を書くが、江戸は股引あるいは大丈夫と書く（守貞謾稿）

■足袋屋（宝船桂帆柱）

足袋屋 ●たびや

足袋は室町時代までは革足袋が主流で、時代が下ると木綿足袋に変わる。江戸の後期に書かれた『守貞謾稿』には、今は貴賤老若男女すべて木綿の足袋を履くとある。京坂では男用は白と紺の二色、江戸は白、紺、鼠などがあるが、女用は三都とも白のみ。

■紙入や巾着にも使われる菖蒲革の紋様（守貞謾稿）

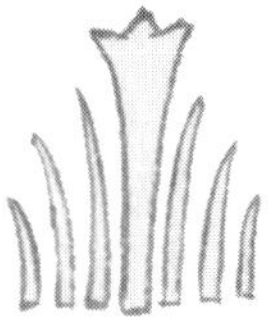

■革師（人倫訓蒙図彙）

革師 ●かわし

鹿革を滑して足袋、羽織等に作り、白革屋と名乗ると『人倫訓蒙図彙』にある。京の八幡は菖蒲革《しょうぶがわ》や八幡黒《やはたぐろ》といった黒染の柔らかい革が名高い。

■足袋師。鹿の滑革で革足袋を作る職人もいる（人倫訓蒙図彙）

■単衣は丸洗い、袷は洗い張りにする（女遊学操鑑）

■盥を使ってもみ洗いをする洗濁屋（人倫訓蒙図彙）

■解いた袖や身頃をそれぞれ板張りにする洗い張り（諸職人物画譜）

洗濁屋

●せんだくや

洗濯は古くは洗濁といい、紺屋が兼ねていた仕事。『人倫訓蒙図彙』には洗物一切の汚れ、しみを落とすのに滑石、石炭、さまざまの薬力をもってするとある。

悉皆屋

●しっかいや

京は染物の本場で、洗い張りの職人も上手が多い。そんなことから大坂では洗物や染替を望む家を回って衣類を集め、京都に依頼する職業があり、これが悉皆屋。

■姫糊は炊いた飯に水を足し、潰して作る（今様職人尽歌合）

姫糊売り

●ひめのりうり

姫糊は衣服の洗い張りや障子張りに使う糊。『守貞謾稿』には三都とも売り手は男子か老婆。持っている荷は江戸の豆腐売りの道具に似ていて、箱は置かないで手のある桶を棒の両端に吊して売るとある。

■糊屋の看板（守貞謾稿）

洗濯

簇師

●しんしし

簇（伸子）は竹を削って作る串のようなもので、衣類の洗い張りに使う。洗い張りには長屋のおかみさんでも容易な板張りと「伸子張《しんしば》り」がある。着物を解いて洗い、糊付して板に張るのが板張り（右頁図参照）。縫い戻して反物状にしてから布に伸子を何十本も刺し渡し、ハンモックのように吊るして干すのが伸子張り。これは素人の手には負えない職人の仕事だ。

■簇削り（人倫訓蒙図彙）

下駄

履物

江戸時代の履物は木製の下駄、あるいは繊維を編んで作る草履や雪駄に分けられる。蹴鞠《けまり》に履くような足を包む沓《くつ》の類もあるが、台に鼻緒をすげる形が基本。

足駄歯入

●あしだはいれ

下駄や足駄の歯が減ったのを新しい歯と差し替えるのが仕事。足駄は左図のように歯の高いものをいうが、京坂では木の履物は皆下駄といい、高いものは高下駄、歯の差してあるものは差下駄といった。

■歯は主に欅。新品を持ち歩き磨り減った歯と差し替える（今様職人尽歌合）

■足駄（守貞謾稿）

下駄屋

●げたや

■桐の下駄に鼻緒をすげて売る下駄屋（宝船桂帆柱）

木の台に鼻緒を付けたのが下駄で、台はくり抜いたままのものもあれば差歯をしたのもある。古くは樵《きこり》が作って江戸などに出していた「山下駄」と呼ぶ下駄があり、材は桐。一材で台も歯も作り、歯を挟まず、緒は自分で作るものだったという。

■下駄新道。神田鍛冶町西の裏通りにあるこの新道は、下駄を作って売る店が集まっていた所。右には台を作る職人、左端には鼻緒をすげる穴を抉る姿がある（江戸名所図会）

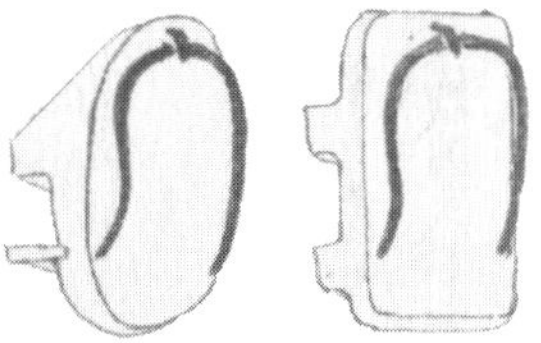

■駒下駄。一材をくり抜いて馬の蹄のように作るところからこう呼ぶ。材は桐か栗。左は後ろの歯だけ樫の材で差す「跡歯」（守貞謾稿）

草履

藁や竹の皮などで足の形に編み、鼻緒をすげたものが草履。材料や作りで色々あるが『人倫訓蒙図彙』には中抜草履《なかぬきぞうり》、金剛などを作って売るとある。藁の袴を取って表を編むのが中抜。緒は藁に白い紙を巻き、縄になってある。金剛は藁草履。

草履造

●ぞうりづくり

■草履職人（今様職人尽歌合）

尻切師

●しりきれし

尻切は爪先部分が丸く後ろが狭い作りの草履で、尻切草履という。藁の芯、藁蕊《わらしべ》で作って革の縁をつけると『人倫訓蒙図彙』にある。この尻切を元に雪駄が誕生したともいう。

■尻切師（人倫訓蒙図彙）

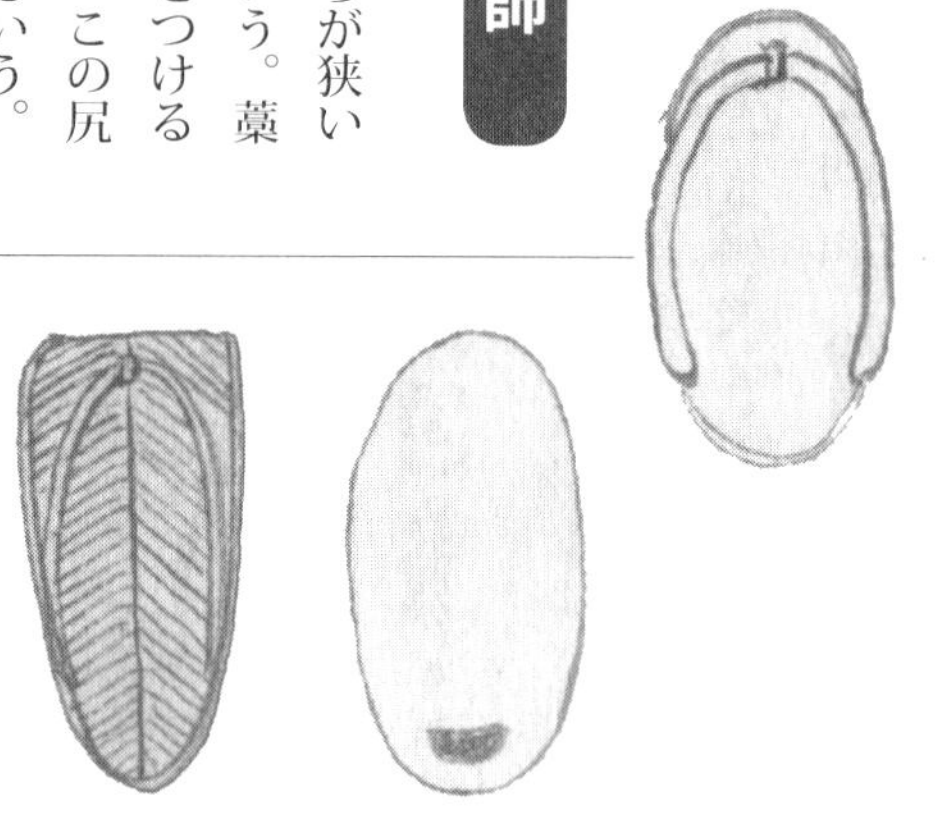

■右は雪駄の表と裏。裏には踵部分に尻鉄が打たれ、滑らない。左は裏付の重ね草履。はちく竹皮製の二枚草履で、真竹を裏に使っている（守貞謾稿）

雪駄

■商いは照り降りなしの金儲けと詞が付く雪駄傘屋の店先（宝船桂帆柱）

雪駄傘屋

●せったかさや

『江戸買物独案内』には傘問屋のなかに傘、笠の他に履物を扱う店も載っている。江戸には傘類と下駄や雪踏を一緒に売る店も多かったようだ。

雪駄直し

●せったなおし

雪駄に張った裏革、革緒などの修理をする。京坂は新品も持ち歩いて「なおし、なおし」といって回る。江戸は「でい、でい」といい、これは手入れ手入れの訛。

雪駄師

●せったし

表を真竹の皮で作り、裏を獣皮で作った履物が雪駄。雪中の路地入りに足が湿るのを嫌った千利休が草履に草履を重ねた「裏付草履」なるものを考案し、さらに湿らないようにと裏に牛の皮を張るようになったという。踵に尻鉄《しりがね》を打つのは江戸初期の元禄頃から始まったという。

■手前が大坂、奥は江戸の雪踏直し（守貞謾稿）

■雪駄師（人倫訓蒙図彙）

袋物小物

手に持つ袋状の巾着を始め、懐中する紙入や帯に差して腰に下げる印籠、煙草入れなど、収納の小物入れが袋物。実用品だが、粋を演出する小道具でもあった。

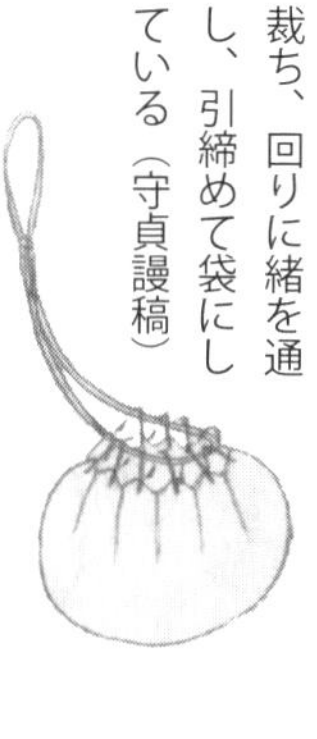

■巾着の原型、火打袋。布か皮を円形に裁ち、回りに緒を通し、引締めて袋にしている（守貞謾稿）

袋物屋

●ふくろものや

巾着、紙入、印籠に煙草入れや煙管入れなど、持ち歩く小物を入れる袋物を売る。問屋から仕入れるばかりでなく、図のように作って商うところもある。

■煙草入れや印籠、紙入などが並ぶ袋物屋の店先（宝船桂帆柱）

巾着師

●きんちゃくし

銭や印形を入れて腰に下げる巾着は、火起こしの道具を入れて携行した火打袋から変化したもの。革を使うことが多いが、羅紗の類も使う。裃を付ける時などは印籠に変えて巾着を付ける。

■鞣革を裁って縫う巾着師
（人倫訓蒙図彙）

紙入師

●かみいれし

鼻紙入を略して紙入。表は主に羅紗《らしゃ》、裏地には緞子《どんす》、錦の類を合わせ、三つ折りか二つ折りにしてある。脇の口から金子《きんす》袋、楊枝袋などの小物を収め、懐に入れて持ち歩いた。

■三つ折りを作る紙入師。江戸後期には二つ折りが流行（人倫訓蒙図彙）

印籠師

●いんろうし

■五重の印籠を手掛ける印籠師（人倫訓蒙図彙）

印籠は元来印判や印肉を入れるもので、薬を入れるものを薬籠《やくろう》といったが、江戸時代には薬を入れるか空のまま腰にしていたようだ。武家の装いに欠かせないものだが、町人の礼装にも用いられた。

■紙入と鼻紙（女用訓蒙図彙）

袋物

■蒔絵を施した印籠。右の二重はいわゆる昔の薬籠（守貞謾稿）

■『人倫訓蒙図彙』では珠摺、左図の『頭書増補訓蒙図彙』には玉人としているが、どちらも玉細工の工人。

玉磨

●たまずり

貴石を磨いて物を作る細工人のことで、『人倫訓蒙図彙』には水晶で眼鏡、数珠粒、舎利塔、緒締めなどを作るとある。緒締めは袋物の紐（緒）をしぼる際の留め具。

■玉人。奥は銀匠（頭書増補訓蒙図彙）

■鼻眼鏡の絵が描かれた箱で行商する眼鏡売り（今様職人尽歌合）

眼鏡売り

●めがねうり

徳川家康が愛用したという眼鏡。当時はまだ耳に掛けるつるはなく、手に持つか鼻に掛ける仕様でいささか不便な代物だが、江戸後期には紐付きが出回った。眼鏡売りは新品を売る他に古いものとの交換や修理もした。

■三つ折りの紙入の留め具を作る銀師（人倫訓蒙図彙）

銀師

●しろがねし

銀師は銀細工の匠。袋物に付ける金具や刀の飾り目《め》抜《ぬき》、家具の錺金具《かざりかなぐ》などを作る。『頭書増補訓蒙図彙』には鉄を細工する人も同じように呼ぶとある。

扇

扇屋

●おうぎや

扇には風を送るものと儀礼用の檜扇《ひおうぎ》がある。檜扇は檜の薄い板を何枚も綴じ合わせたもので、貴人が笏《しゃく》代わりに使った。折った紙を骨に貼る扇は蝙蝠扇《かわほりおうぎ》。『頭書増補訓蒙図彙』には神宮皇后が三韓征伐の時に蝙蝠の羽根を見て作り始めたとある。

■店先で扇を折って売る扇屋（頭書増補訓蒙図彙）

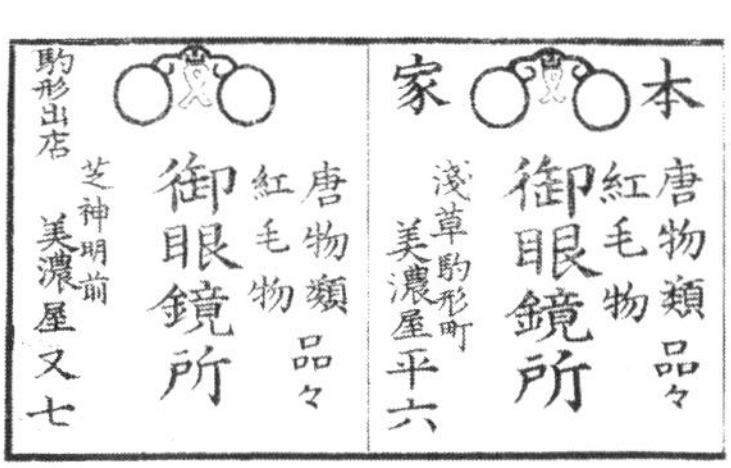

■『江戸買物独案内』所載の眼鏡所。中国からの輸入品、唐物を扱うところが多く「御誂物御好次第」と称する眼鏡師も載っている。

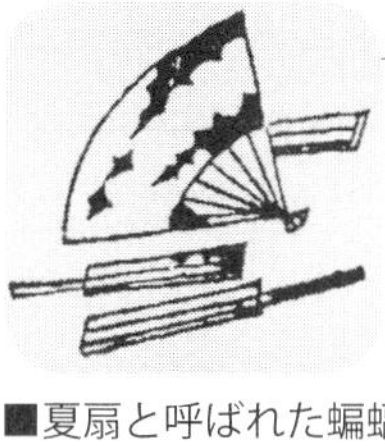
■夏扇と呼ばれた蝙蝠扇（小野篁歌字尽）

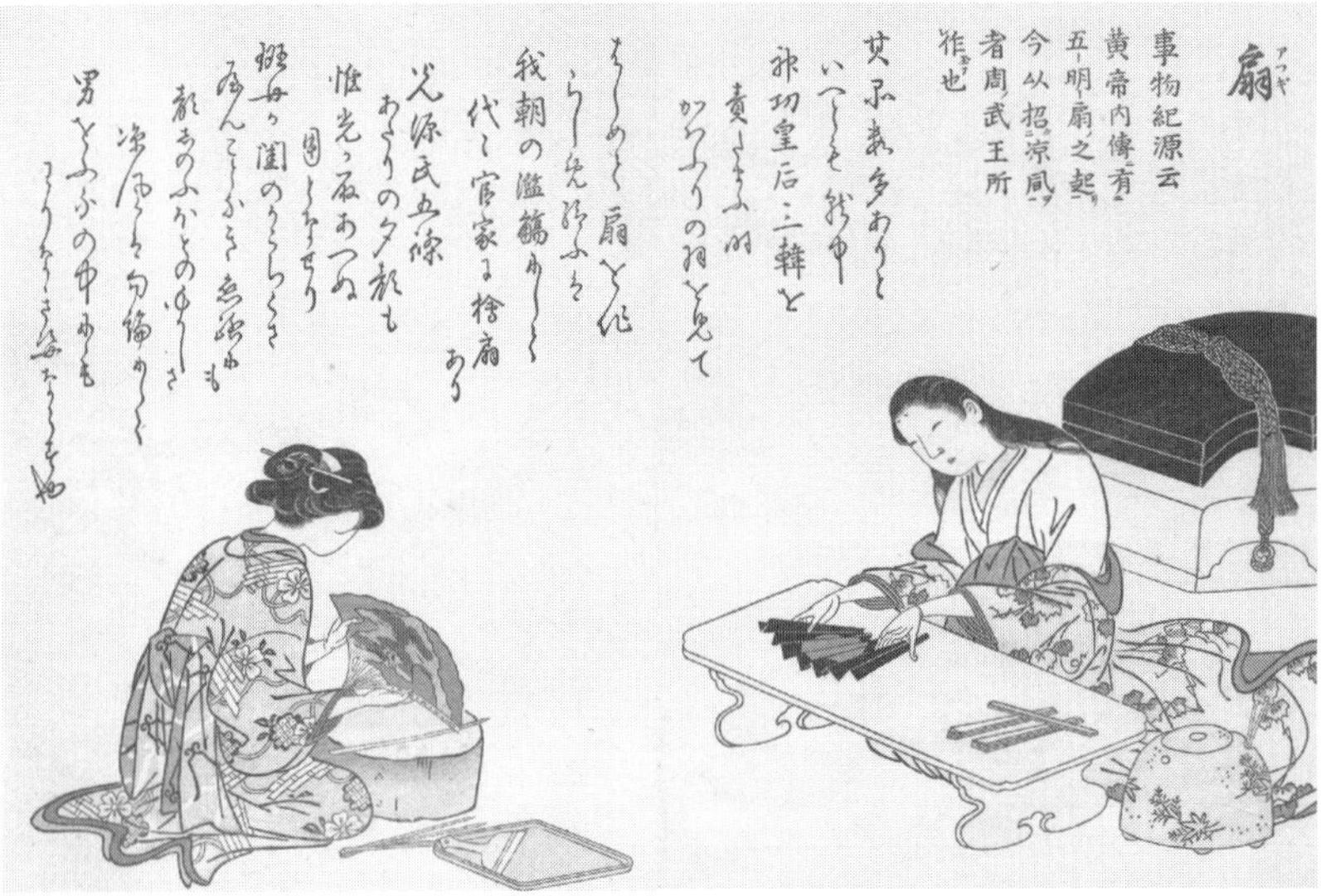

■手にするのは黒地に赤い日輪を描いた軍扇。陣中の指揮を執るもの（彩画職人部類）

扇折

●おうぎおり

扇作りには地紙師、絵師、骨師、要師《かなめし》などそれぞれに専門職がいる。骨に貼る紙、地紙を折って扇を仕上げるのが扇折で主に女性の仕事だった。

■扇折（宝船桂帆柱）

竹屋

●たけや

扇の骨、団扇、籠、これらの細工に使う竹を売っていて、それぞれの職人が買いに来る。茶の湯の道具、尺八、一節切《ひとよぎり》（節が一つの尺八）の竹も扱っていると『人倫訓蒙図彙』にある。

■竹屋（人倫訓蒙図彙）

扇

■江戸の扇屋。御影堂《みえいどう》は京にある時宗の寺で、そこで作る上質の扇が名物となったことから扇屋は皆看板に使っている（木曾路名所図会）

団扇売り
●うちわうり

骨の間に竹を二本差して団扇を売り歩く。絵柄がよく見える素晴らしい仕掛けだが、太めの竹を所々切って花生けのようにして団扇を挿す売り方もあった。

■色とりどりの団扇を売る団扇売り（今様職人尽歌合）

団扇師
●うちわし

河内国小山で作られる柄が丸竹の丈夫な渋団扇《しぶうちわ》、美しい奈良団扇などが名物。子供用に様々な絵が描かれた判じ物《はんじもの》の団扇もあると『人倫訓蒙図彙』にある。判じ物は絵で表したなぞなぞのようなもの。

■団扇師（人倫訓蒙図彙）

喫煙具

煙管師

●きせるし

煙管は刻み煙草を呑むものだが、江戸の男たちにとっては煙草入れとともに粋な装いを演出する道具でもある。煙草を詰める雁首《がんくび》と吸口《すいくち》、間を竹の管（羅《ら》宇《う》）で繋ぐ仕組だが、一体型の延べ煙管というのもある。

■雁首を叩き出している煙管師（人倫訓蒙図彙）

■雁首の穴を穿つ煙管師。道具は手を添えた横木を上下させて柄を回す舞錐《まいきり》（今様職人尽歌合）

羅宇師

●らうし

煙管の中心部分を「らう」という。ラオスから来た斑模様のついた竹で作るところから、ラウとなったという。『人倫訓蒙図彙』では無節竹師にらうしと仮名をふっている。

■羅宇師（人倫訓蒙図彙）

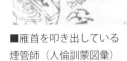

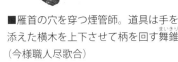

脂の詰まった古い羅宇を新しいものに挿げ替える商売で、京坂では羅宇の仕替えという。江戸の羅宇屋は道具や羅宇を一箱に入れて背負い、京坂は振分け荷物にして回る。

■神田明神の煙草屋。店先の障子には煙草の葉が描かれている（絵本江戸みやげ）

羅宇屋《らうや》

■手前が京坂、後ろが江戸の羅宇屋（守貞謾稿）

煙草屋《たばこや》

『人倫訓蒙図彙』によれば丹波、吉野、高崎、新田そのほか各地の煙草を買い、これを商うとある。刻みに使うのは名品の堺庖丁。

■煙草の葉を刻む煙草屋（人倫訓蒙図彙）

喫煙具の色々●手前が火入れや灰吹きを収める煙草盆。灰吹きは煙草の灰を落とす竹筒で、火入れには火種を入れておく。後ろは煙管と煙草入れ。

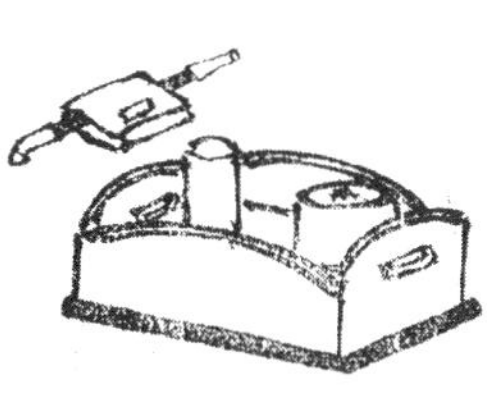

■煙管と煙草盆（人情腹之巻）

傘と笠

傘は江戸期には「からかさ」と呼び、単に「かさ」といえば被り笠の事。傘の歴史は古く、貴人が使う儀礼用の絹傘は平安後期の合戦絵巻にも登場する。

■傘張（彩画職人部類）

傘

傘張

●かさはり

『守貞謾稿』によれば文禄（一五九二〜九六）以前には紙の傘はなく、雨の時庶民は蓑に笠か、竹の皮の笠に柄を付けて差していたというが、江戸の初期には蛇の目傘が登場。傘張は雨傘日傘の骨に紙を張る職人の事。提灯を張る細工人もそう呼んだ。

■紙を張った後、上から油を引いていく（人倫訓蒙図彙）

■番傘（商売往来絵字引）

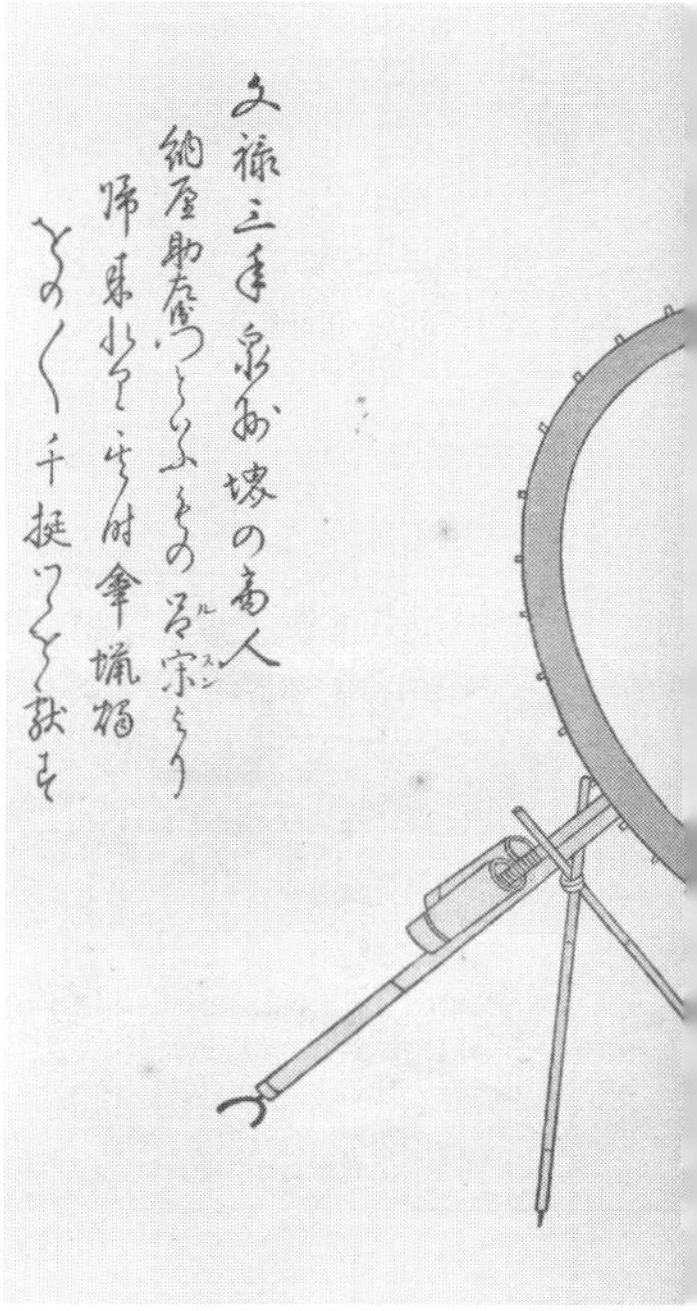

■提灯も張る傘張（絵本庭訓往来）

■左は江戸、右は交換する日用品も担ぐ上方の古傘買（守貞謾稿）

古傘買

●ふるがさかい

使い物にならなくなった古傘を買取る商売で別名は古骨買《ふるぼねかい》。買取り専門の江戸は「「ふる骨はございい」を繰返して町を流す。京坂は土人形や土瓶、行平鍋《ゆきひらなべ》などと交換し、交換品の価値の劣る方が金を出す。

■1本4文から12文で引取る古骨買とも呼ばれる古傘買（今様職人尽歌合）

傘屋

●かさや

江戸時代になると骨やろくろの付いた開け閉め自由の紙張りの傘が一般に使われ、その代表が蛇の目傘や貸し傘の番傘。上方を始め諸国で作られたが、江戸では上方からの下り傘が人気で、多くの下り傘問屋があった。

■日本橋茅場町の薬師にあった傘屋。薬師は毎月8日と12日が縁日で賑わった（絵本続江戸土産）

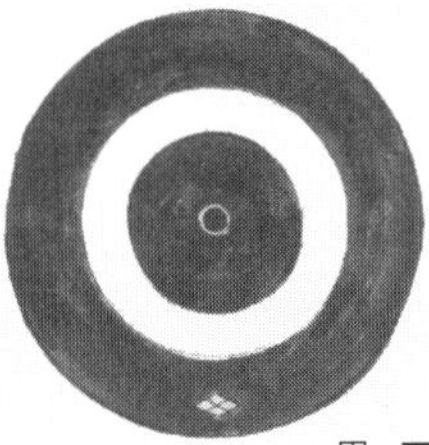

■武田菱の家紋を付けた黒蛇の目傘（守貞謾稿）

■番傘の書き方の例（守貞謾稿）

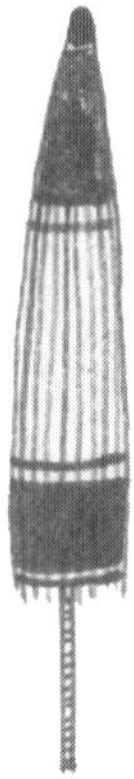

■広げると蛇の目模様になる蛇の目傘（守貞謾稿）

■五色の彩色をした子供用の日傘（守貞謾稿）

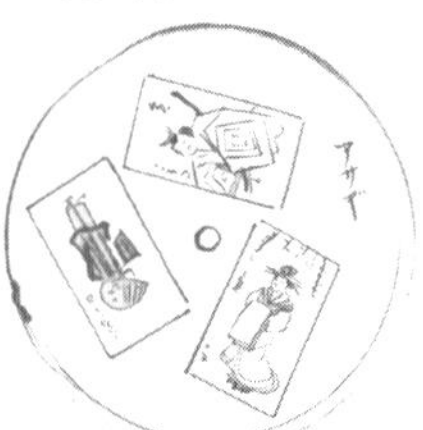

■芝居役者の錦絵を三枚張った女児の日傘（守貞謾稿）

番傘●番傘の番は番号の番。商家で客に貸すことが多く、どこの傘かすぐ分かるように工夫がある。本町の伊勢屋万兵衛なら「本」に伊勢屋の伊の字、店の印（山形に万）、それに番号を書く。

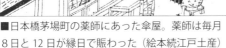

笠

■菅笠を縫う笠縫
（今様職人尽歌合）

笠縫

●かさぬい

日除けにも雨除けにもなる笠は道中に欠かせない装いの品。材料や製法、用途などによって呆れるほどの種類がある。作り方でいえば編笠と縫笠。武家の被る熊谷笠や薦僧《こもそう》の天蓋《てんがい》も編笠の仲間。菅《すげ》を帽子型や椀型に縫い綴る縫笠の筆頭は菅笠や三度笠。

■笠縫（人倫訓蒙図彙）

編笠

●あみがさ

■武士と医者が使った熊谷笠（守貞謾稿）

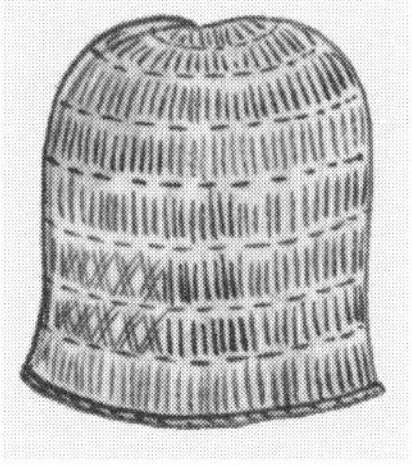

■薦僧専用の天蓋。これは笠とは呼ばない（守貞謾稿）

菅笠

●すげがさ

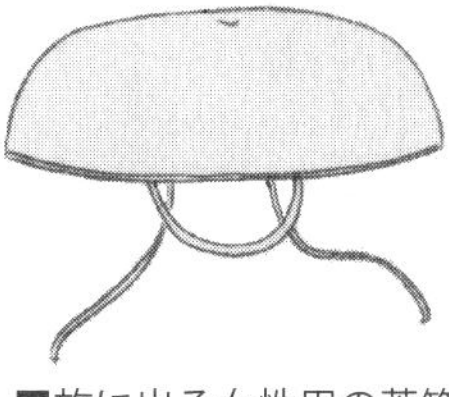

■旅に出る女性用の菅笠（守貞謾稿）

塗笠

●ぬりがさ

■塗笠。経木を芯にして上に紙を張り、漆塗りにした笠（守貞謾稿）

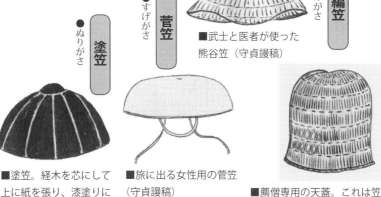

髪

坊主や総髪《そうはつ》の医者はともかく、江戸時代人は身分を問わず皆髪を結った。始めは男子専用の髪結床《かみゆいどこ》、後に女髪結も登場。結上げて、仕上げの髪飾りは多種多彩。

■髪結（諸職人物画譜）

髪結

●かみゆい

以前は髪は自分で結うものだったが、江戸時代になると専門の職人、髪結が出てくる。髪結には床屋あるいは髪結床《かみゆいどこ》と呼ばれた店を構える「居職《いじょく》」と「出職《でしょく》」の廻り髪結の二通りあるが、いずれも男の髪を結い上げ、ひげや月代《さかやき》を剃るのが仕事。

■江戸後期には女の髪を結う「女髪結」もいたが、自分で結うか家族に頼むのが普通だった（都風俗化粧傳）

■剃刀を研ぐ髪結。添えた狂歌は「一筋に家業つとめよ　元結のしまりよければ末は安楽」（家内安全集）

結髪

■寄道をする廻り髪結（神事行燈）

廻り髪結

●まわりかみゆい

道具箱を下げて得意先を廻り、髪を結うのが廻り髪結。江戸の商家のなかには主から番頭、手代まで任せ、月極で代金を払うところも多かった。

■京坂の廻り髪結。道具箱の脇には歯の密度が異なる梳櫛や丸めた元結を下げている（串戯二日酔）

■江戸の廻り髪結が持ち歩く道具箱、通称鬢盥《びんだらい》。一番上の引出しは切った髪を受ける毛受用の作り、下は砥石を収納。上方は台箱といい、似たような作りだが江戸よりやや大振りで、最下段も引出しになっている。（守貞謾稿）

■社交場でもあった江戸の床屋。料金は二十八文とそう高くはないが、頻繁に通う必要があっただろう（浮世床）

床屋

●とこや

髪結床とも浮世床ともいう。京坂は一軒二人、江戸は二、三人が床に立ち、髪を梳いて結上げ、月代《さかやき》を剃る。仕事には何百両という高額な株が要るため、自前の株を持つより株を持つ株主から月極で使用料を払う者が多かった。

■町人髷の職人（民家育草）

■文化頃の横兵庫髷。花魁の髪型（守貞謾稿）

■商家の旦那風（戯場粋言幕の外）

■位の高そうな武家（民家育草）

髪型の色々●江戸時代の髪型は男女、身分、職業などによって異なる。色町の花魁《おいらん》は別だが、女性は娘時代の島田髷から丸髷《まるまげ》などに替える。男の場合は武家と庶民で髷の結い方が違い、髱《たぼ》という後頭部の出っ張りも武家は平、庶民は膨らませる。

結髪

■元結扱（彩画職人部類）

元結扱

●もとゆいこき

束ねた髪をまとめるのに使う紐が元結で、作る職人が元結扱。『守貞謾稿』には髪の元を結うので元結といい、寛文（一六六一〜七三）頃から作り出されたもので、紙捻《こより》を長くよって水につけ、車でさらによりを掛けて水を絞るとある。

■束ねた髪を縛る元結（戯場訓蒙図彙）

おちゃない

落ちている髪の毛を拾い歩き、髢《かもじ》を作って売るのがおちゃない。頭に袋を頂き「おちゃないか」といって町を歩いた。

■おちゃない（人倫訓蒙図彙）

■歯挽き用の鋸で一筋一筋挽いていく（今様職人尽歌合）

櫛挽

●くしひき

黄楊《つげ》材などを挽いて櫛を作るのが櫛挽。櫛は髪を梳くのが主な役割だが、江戸も中期以降髪飾りとしても使い出す。黄楊ばかりか象牙、鼈甲などを材にして蒔絵を施し、金具も付けるなどなど、飾って見せるものへと華麗に変化した。

■「繁昌は櫛の歯を挽く忙しさ」という櫛挽。台の上で作業をする職人（宝船桂帆柱）

■櫛挽（人倫訓蒙図彙）

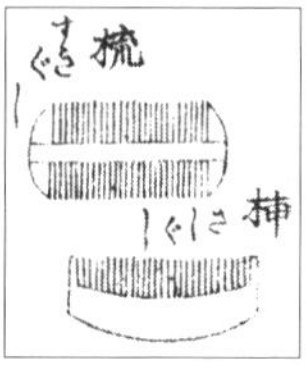

■梳櫛（上）と飾り用の挿櫛（頭書増補訓蒙図彙）

造花屋

●つくりばなや

彩り鮮やかな糸や紙で花の形に細工して売る。「結び花」ともいう造花は簪《かんざし》にもなり、これが花簪。また、仏前に生花の代わりに供える仏花も作る。

■造花屋（宝船桂帆柱）

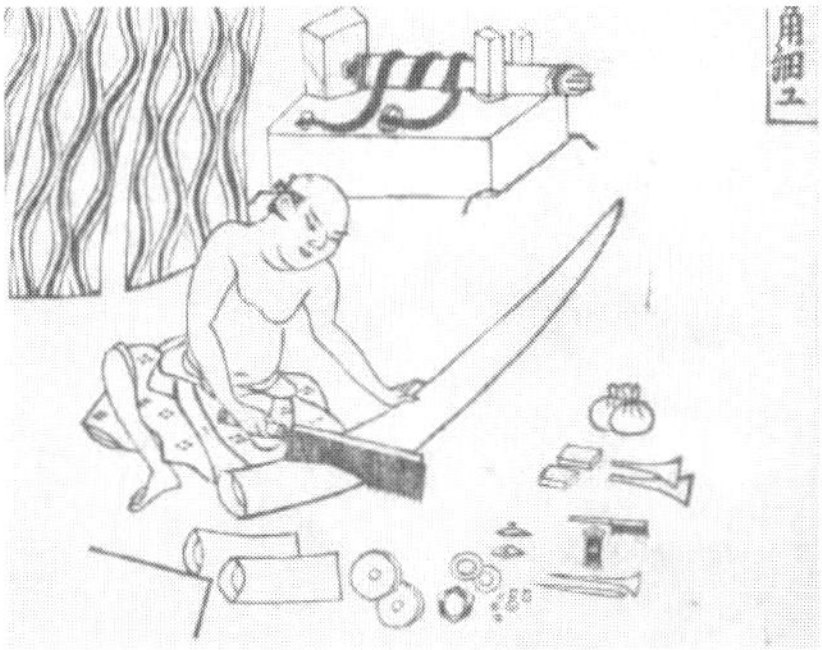

■角細工（人倫訓蒙図彙）

角細工

●つのざいく

象牙や水牛の角を細工して装身具や小物を作る。『人倫訓蒙図彙』には笄《こうがい》、櫛払、掛落《から》、根付、緒締、窶蓋《すぶた》、鉄砲の薬入等、角象牙を用いる類を作るとある。笄は髷部分に挿す棒状の髪飾り。

簪売り

●かんざしうり

髪飾りの代表といえるのが簪。『我衣』に上が耳掻き下が髪掻きの銀製のものを簪といったとある。大きな珊瑚玉をあしらった玉簪や花簪、動くと揺れる「びらびら簪」など色々ある。

■見本の花簪を掲げる簪売り（今様職人尽歌合）

小間物屋

●こまものや

日用の品や髪飾り、化粧品など細々したものを売る重宝な店。かつては高麗（朝鮮）の字を当て、異国からの物を売るのを高麗物屋といったという。江戸後期には玩具類や紙入、煙草入れなどの袋物も売った。

小間物売り

●こまものうり

笄、簪、櫛、元結、丈長《たけなが》（平元結《ひらもとゆい》）、紅、白粉、あるいは紙入などを風呂敷包みにして担いで売り歩く。

■小間物売り（守貞謾稿）

■小間物屋（宝船桂帆柱）

鼈甲師

●べっこうし

鼈甲はすっぽんの甲羅の意味になるが、使うのは海亀の玳瑁《たいまい》。御禁制の玳瑁使用を憚《はばか》る偽りの名。『頭書増補訓蒙図彙』には甲羅を剥いで薄くすけば斑紋が出る、これを櫛、簪、香盒などの器に作るとある。

■店先には庖丁、櫛、笄、鋏など、棚には様々な器が並ぶ小間物屋（人倫訓蒙図彙）

■鼈甲師。薄く削いだ玳瑁を何枚か重ね、熱を加えて一枚に仕上げる（今様職人尽歌合）

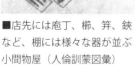

化粧

江戸時代、化粧の基本は白粉、紅、お歯黒。既婚女性は皆歯を黒く染めるが、紅白粉は色里の女たち以外は現代人同様人それぞれ。するなら鏡が必需品。

■お歯黒の準備をする婦人（女大学）

■白粉師（人倫訓蒙図彙）

白粉師

●おしろいし

『人倫訓蒙図彙』は京、伊勢、堺などにあって鉛を蒸して水飛《すいひ》をするのだと白粉を紹介。楊貴妃が病気で色が青黒くなった時に仙人が来て白粉を教えたのだと書いている。

白粉屋の看板●白粉屋は台に箱を載せた「箱看板」を置く。上図の店先に置かれたものは白鷺が描かれているが、これは白いものという意味。白粉所とあるのは江戸。左は製造元も小売りも使う大坂の看板で、台は黒渋塗。

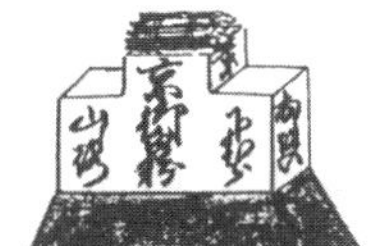

■白粉屋の看板（守貞謾稿）

■その昔仁和寺の辺に住んでいたという眉作（人倫訓蒙図彙）

眉作

●まゆつくり

作るとはいっても眉を描くのではなく、眉に付いた白粉を掃く刷毛を作る。白粉を塗る際、少し水を付けて丁寧に何度も掃けば斑がなく光沢も良いと『都風俗化粧傳』にある。

蘭麝粉

●らんじゃこ

蘭麝とは芳香をいうが、蘭麝粉はその名を借りた洗粉。常にこれを使えば顔の艶が美しくなるものだと『人倫訓蒙図彙』にあり、当時都で流行ったという。

■竿秤で計り、紙包みにして売る蘭麝粉。洗顔、洗髪用の粉（人倫訓蒙図彙）

鏡

鏡師

●かがみし

化粧に付き物なのが鏡と鏡掛（鏡台）。鏡は錫と銅の合金を土台にして、その上に錫と水銀で映りやすくなるように上塗りを施す。完璧に磨きをかけても次第に曇ってくるが、鏡磨き専門の職人が冬になると町を流すという。

■かつては天下一の称号を受けた名人もいる鏡師（彩画職人部類）

■鏡師（宝船桂帆柱）

お歯黒●大昔は公家、武家の男子も行ったお歯黒は江戸時代になると歯を染めるのは既婚の女たちだけ。やり方は鉄片を茶や梅酢に漬けた液を筆で塗るというもの。

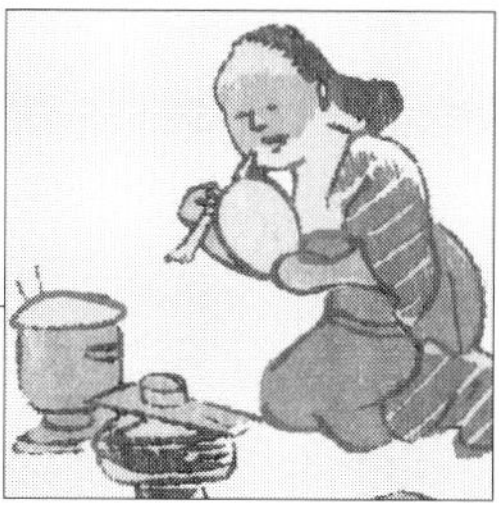

■既婚女性の印、お歯黒。使う道具は三種。口をゆすぐための耳盥《みみだらい》、その上に渡す渡金という金属の板、液を入れるお歯黒壺。(諸職人物画譜)

風呂

■江戸の湯屋。浴室は狭く、石榴口《ざくろぐち》を潜って中へ入る。図で左上の足が覗くところが石榴口（浮世風呂）

■湯屋の二階は京坂にはない男専用の休憩所。茶代を払って囲碁将棋などに興じる（浮世風呂）

湯屋

●ゆや

江戸は湯屋あるいは銭湯、京坂では風呂屋。文政期（一八一八～三〇）には江戸の湯屋は六百軒を超えて、たいがいどの町にも一軒はあり、湯銭は大人八文、子供は四文。蒸し風呂だった江戸の中期までは男は褌、女は腰巻きを着けていたが、裸で浴槽に浸かるようになって混浴は原則禁止。

■京坂では風呂屋という。火事を恐れて江戸では内風呂は作らないが、京坂は内風呂を持つのが普通で風呂屋は少なかった（人倫訓蒙図彙）

手拭

手拭見世

●てぬぐいみせ

『守貞謾稿』には晒木綿《さらしもめん》一幅を長さ鯨尺《くじらじゃく》で二尺五寸（95センチ）に切って使うとある。芥子玉絞《けしだましぼ》り、豆絞り、半分白地を残す半染めなど、染め方は色々あるが縞はない。手拭は顔や体を拭く他に、江戸時代には被り物として愛用された。

■芥子玉絞りの手拭を被り、洒落者を気取る男（民家育草）

■手拭と専用の手拭掛（商売往来絵字引）

■染めの見本を下げる手拭見世（宝船桂帆柱）

■手拭大臣冠り

■手拭頬冠り

■手拭頬冠り

手拭被りの色々●『守貞謾稿』に載る代表例を挙げると、まず一般的なのが頬冠り。両端を捻って左頬に挟む。大臣冠りは吉原冠りともいい、二つ折りにして両端を髷の後ろで結び止める。米屋は米屋冠り。喧嘩は江戸の町火消の喧嘩用。

■喧嘩冠り

■米屋冠

＊図はすべて『守貞謾稿』所載

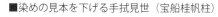

江戸の豆知識

■煙管入れ、煙草入れを腰に下げ、熱弁を振るう芝居好きの旦那（客者評判記）

■こちらは魚屋。濡れがちで足元が悪い店ではやや歯の高い足駄を履いている（宝船桂帆柱）

【江戸時代の身形《みなり》にまつわるこぼれ話】

●縞　庶民の衣類は縞柄が主流。素材を問わず種類は豊富で、礼装には用いないが、普段着には縞が普通。縦縞、横縞の他、当時は格子柄も縞といった。市川團十郎が使って人気になった團十郎縞は三筋の紋に因んだもので、別名三升格子。職人が着ける腹掛、股引、脚絆《きゃはん》の類は木綿の盲縞《めくらじま》。これは縦横とも紺色に染めた糸で織られ、縞とはいえ要するに無地。

●印籠と煙草入れ　女たちは櫛笄簪で髪を飾り、男は帯に挟んで腰に下げる小物でお洒落を楽しんだ。煙管入れと対で持つ煙草入れは実用の品だが、印籠はほぼ飾り。薬を入れることもあったろうが、これは武家の礼装用で中は空。蒔絵《まきえ》を施し、緒締めや根付の趣向にも凝った。

■江戸末期に出た人情本『春色恋廼染分解』の一場面。小袖から掻巻《かいまき》、布団に至るまで目が眩むほどの紋様が溢れる。中央の縞（格子）は筋が五本だが、三本にしたのが團十郎縞。

■紅の節約のため、両端は薄紅のみで中央だけ墨の上に紅を重ねた塗り方だという（守貞謾稿）

●江戸の寸法　一寸（約三センチ）を元にいうと、十寸が一尺、十尺が一丈。これが江戸期の公式な長さで大工道具の曲尺《かねじゃく》に使われる。ちなみに裁縫に使う呉服尺の一尺は曲尺の一尺二寸としている。また、間口や奥行などをいうには間《けん》を使い、一間は六尺。足袋の大きさは「文《もん》」。爪先から踵までの寸法を一文銭の寛永通宝がいくつ並ぶかで表す（十文が約二十四センチ）。

■足袋の寸法は文。一文には幅があり、間に三分、半、七分と三通りのサイズを設けている（女用訓蒙図彙）

■直角定規の曲尺。長い方が一尺五寸、短い方には七寸五分の目盛が刻まれている（宝船桂帆柱）

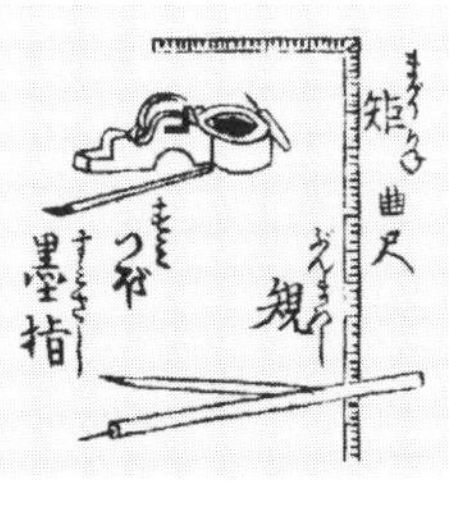

第二章・装い（二）

公家と武家の装い

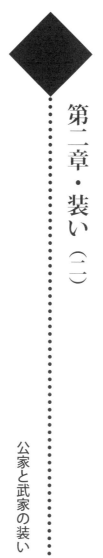

公家

■冠を着けた公卿（頭書増補訓蒙図彙）

被り物 ◆冠師◆烏帽子折

鞠 ◆鞠括り◆鞠装束師

■烏帽子姿の武家（頭書増補訓蒙図彙）

武家

具足	◆鎧師◆足打◆具足師
刀	◆刀屋◆武具店◆刀鍛冶◆鞴師◆鍛冶◆拵師 ◆柄巻師◆鮫屋◆象眼師◆鍔屋◆刀研◆砥屋
弓矢	◆弓師◆弦師◆矢師◆靫
鉄砲	◆鉄砲鍛冶

装い(二)

雅な装いは刀の美学にも通じる

■大和朝廷の頃の伝説の人物、武内宿禰。ただし、図の冠は平安時代の様式と思われる（永代節用無尽蔵）

本書は庶民の見聞き出来る範囲の品々を作り売る仕事に絞り込んだのだが、この章では公家や武家といった遠い世界の住人たちに関わる仕事を見ていく。

●装いの文化は貴族から　水が低きに流れるようにといったら語弊があるが、上に立つ者の矜持、美意識、価値観が衣食住知遊すべてにおいて反映され、時の為政者が代われば文化も変わるといえるだろう。公家から武家へ、そして町人へと文化の担い手は移っていく。こと装いに関しては、現代に通じる道を開いたのは貴族といえるだろう。衣服は前章で述べたので、被り物と独自の装束について多少触れるに留め、武士の装い具足と武具を中心に紹介する。

●始まりは「用の美」　一例を挙げれば、かつて農作業の合間に当り前のように作られた藁《わら》の仕事の産物。道具の持つ機能ばかりでなく、自ずと形状の美しさを伴う。弓矢から槍、太刀、鉄砲に至るまで、武具にもそれはあった。鉄砲の出現で戦のやり方が激変し、それでも太古からある弓矢は飛道具としてしつこく生き残ったものの、やがて乱世は終焉を迎えて様々な武具がお役御免となる。泰平の世になった江戸期には甲冑《かっちゅう》や弓矢などは役割を終え、象徴としての刀が尊ばれるようになる。刀に求められるものは、ずばり「骨まで切れる」こ

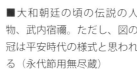

■大鎧をまとい、鍬形を被った
装備の源義家（永代節用無尽蔵

と。ただし目利《めきき》は切味も美醜も関係なく、鍛冶の正作か否か、真贋だけを見極める仕事だと『貞丈雑記《ていじょうざつき》』にある。鎌倉室町期に頂点を極めた刀。実用から遠ざかりつつあった江戸期に作られた新刀。ともに人を斬るのに刃紋《はもん》の良し悪しなど関係なさそうだが、「切れる刀は美しい」のだろう。

●「用の美」を離れた刀　作刀は刀鍛冶だけの仕事ではない。装いの一部になったかに見える時代には帯刀時の姿が重要。つまり拵《こしらえ》。柄、鞘、鍔《つば》、小柄。これらは実用から遠くへ行けば行くほど使う側も職人も拘りを持ち、より精緻な細工を互いに求めていったと思われる。本体の鉄の鍛造、柄巻《つかまき》、鍔の螺鈿《らでん》の技法や意匠などなど。侍の世から民の世へと時が移るにつれて必要とされる物が変わり、作るものが変わっても、細工の技は残り、継承されていく。木材、金属、布。扱う素材はさまざまでも、これはどの職人にも通じることだろう。

●鍛冶と大工　「職人歌合」という職人が詠んだ体の和歌を集めたものが中世からあり、多く残されている。似たような職種の二人を一組にする形で、歌に仕事の様子を描いた絵が添えてある。『三十一番職人歌合』なら六十二人が登場するのだが、高い頻度で一番に出てくる組合せが大工と鍛冶。鉄を扱う鍛冶は農具から始まり、武器を作り、庖丁も作る。雨露を凌ぐ住まいを造る万民にとって大切な大工の仕事とともに、鍛冶は職人界の双璧に位置付けられていたのだろう。極められた技は、伝えられて今の暮らしのどこかに生きている。

公家

徳川の天下になって、京の殿上人《てんじょうびと》は実は失われたが名は残った。雅な遊芸や衣食住の礎を築いたという自負がある、都人の「名」の象徴ともいえるのが被り物。

被り物

■靴べらのようなものが纓。天皇は立っている立纓《りゅうえい》、臣下は垂纓を着ける（彩画職人部類）

冠師

●かんむりし

冠は身分の高い人が正装する際の被り物で、黒の薄絹を漆で塗り固めて作る。頭を覆う部分と、髪を束ねた髻《もとどり》を収める「巾子《こじ》」がいわば本体で、後ろに紗《しゃ》で作った「纓《えい》」を垂らす。参内する公家ばかりでなく、将軍、御三家を始め官位の高い武家も被るが、身分は限られる。

冠

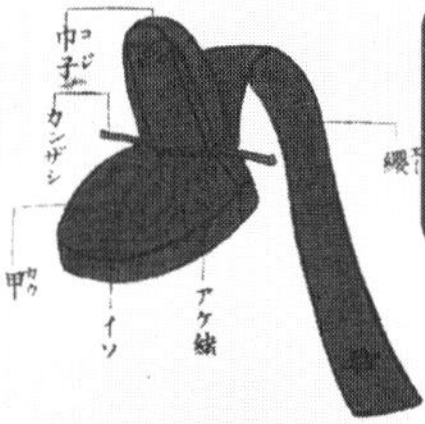

■冠。被ってから巾子の付根を簪で貫き、脱げないように固定する（服色図解初編）

烏帽子折

●えぼしおり

烏のように黒い帽子で、正装時の冠に比していえば烏帽子は略装用。細かな違いでいくつもの型があるが、立烏帽子《たてえぼし》と折烏帽子《おりえぼし》の二通りある。『頭書増補訓蒙図彙』には立烏帽子は高位の方がつけられるもので、他に風折《かざおり》、梨打《なしうち》、左折、右折、小結、荒目などがある。こうした烏帽子を作る人を烏帽子折というとある。

■漆掛けをする主が手にするのは折烏帽子、脇にあるのは立烏帽子。店頭に置かれたものは大きく作った看板用。奥の棚には左から冠、折烏帽子、立烏帽子が並ぶ（絵本士農工商）

烏帽子

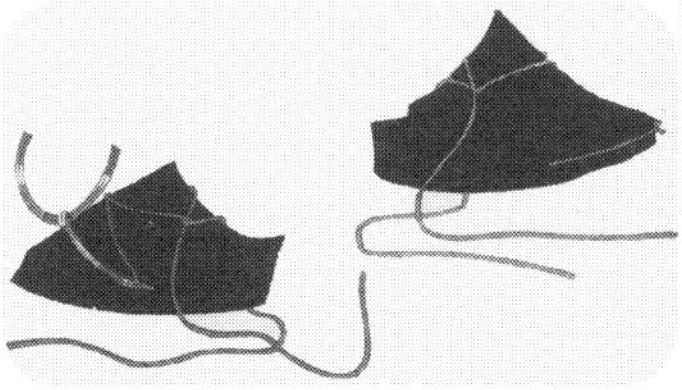

■侍烏帽子ともいう折烏帽子（服色図解初編）

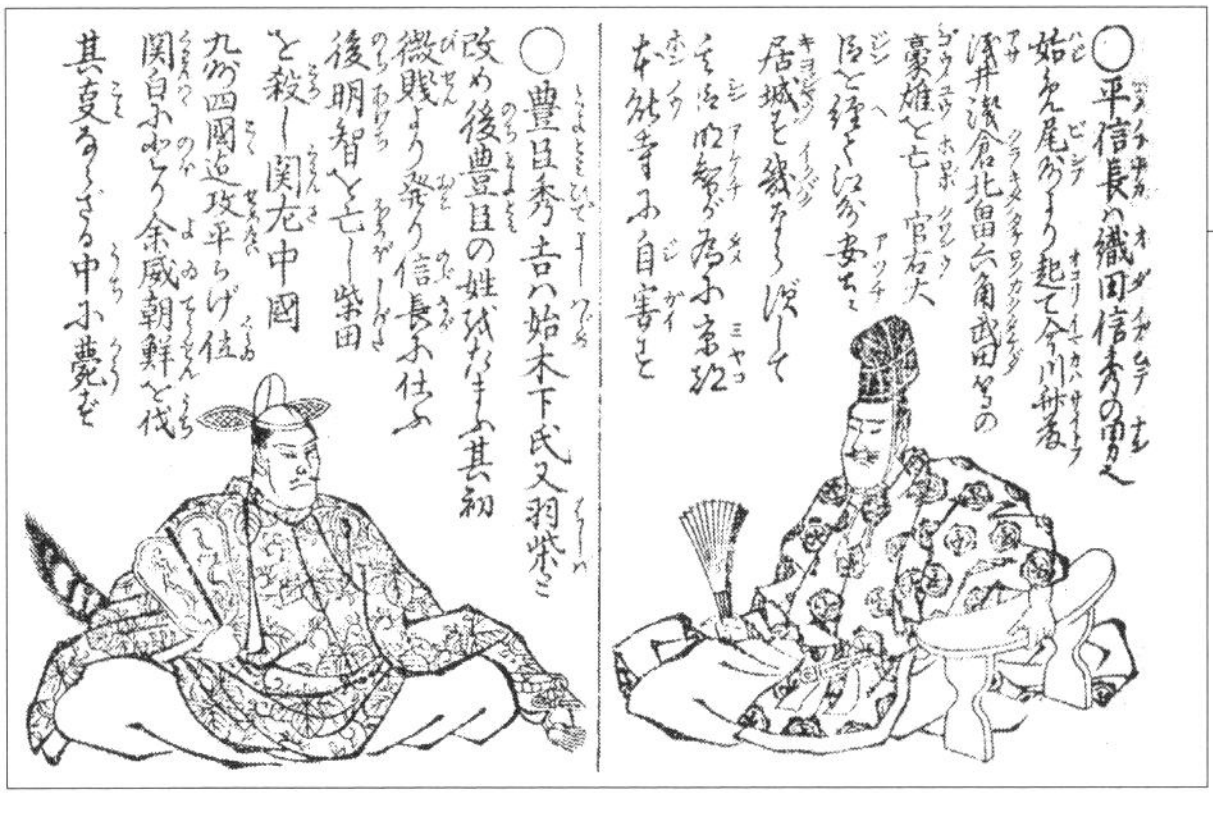

■右は烏帽子の織田信長。身分に拘り、関白にまで上り詰めた豊臣秀吉は冠を着けている（永代節用無尽蔵）

鞠

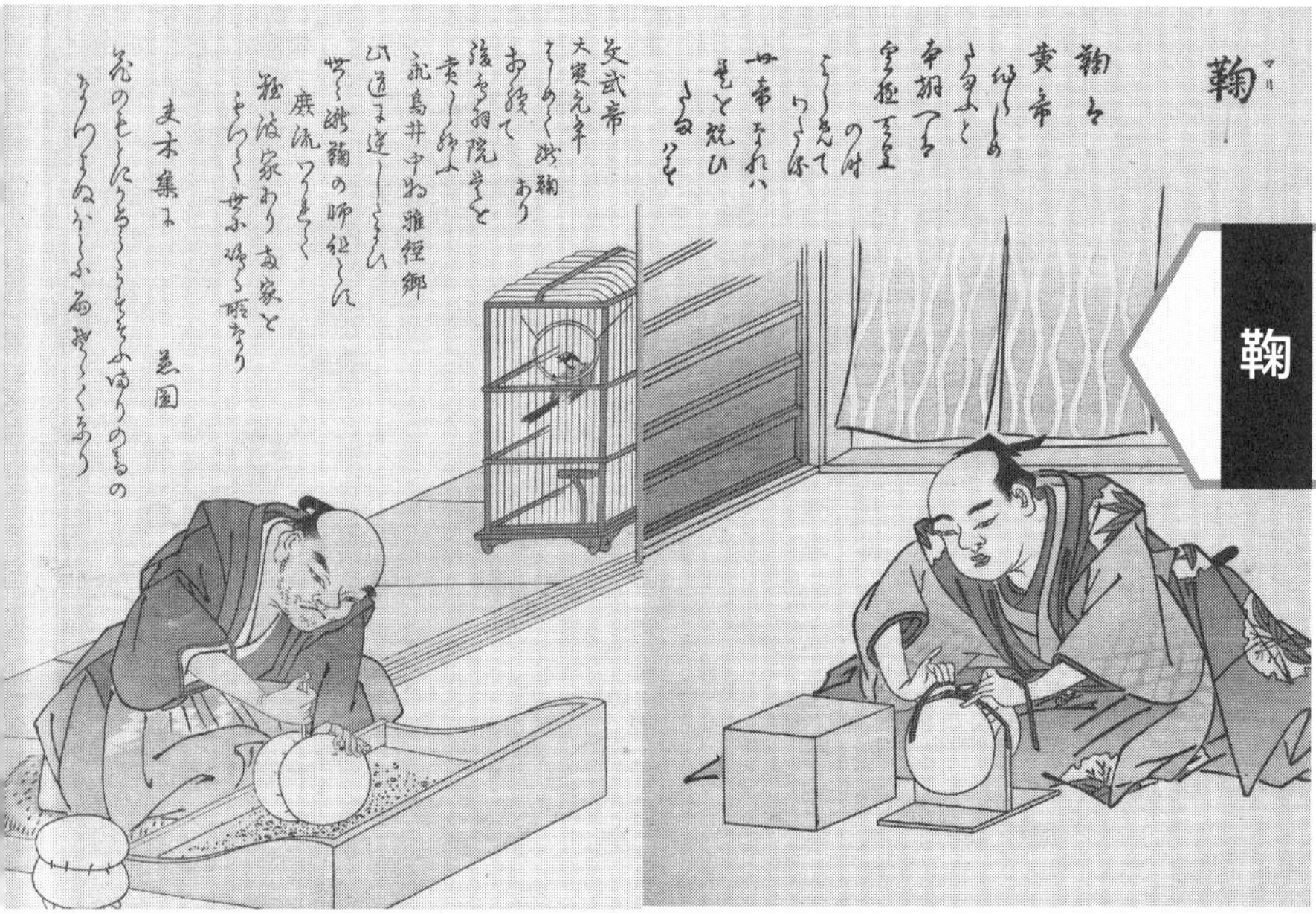

■京大坂、江戸それぞれに鞠括りの家が何軒かあったという（彩画職人部類）

鞠括り

●まりくくり

鞠を落とさずに何回蹴るかを競う蹴鞠《けまり》の鞠を作るのが鞠括り。鞣《なめ》した鹿革を二枚接いで作り、仕上がりは球体ではなく合わせ目にくびれができる。蹴鞠は公家の遊びだが室町頃から武家にも好まれた。

■蹴鞠は四隅に植えた松、楓、柳、桜の木で囲まれた「懸《かかり》」という場で行う。装いは身分で異なり、図のような立烏帽子は位の高い人が被り、低い者は侍烏帽子か無帽（人倫訓蒙図彙）

鞠装束師

●まりしょうぞくし

蹴鞠には立烏帽子を被り、革の沓《くつ》を履く。装束は丸い衿の身頃を組紐で結ぶ「水干《すいかん》」を着て、下は袴。袴は丈夫な葛《くず》布で作るが、革も使う。烏帽子や沓、革染めは専門の職人が作る。

具足

武家

工匠たちの仕事を通して具足と武具の様子を一通り見ていく。個人戦の時代に主役だった弓矢から乱世の飛び道具鉄砲まで、そして武士の証といえる刀の世界。

鎧は小さな短冊状の革や鉄板を糸か革で綴り合わせて作る。本来の役割は矢や刀から身を守る道具だが、鉄砲の登場で戦の仕方が変わり、さらに時代が下るにつれて鮮やかな装飾性が強いものへ変化する。綴り方、組糸の模様、あるいは革の染め柄などの組合せで色々な趣向が生まれた。

鎧師

●よろいし

■鎧師。針で綴ることを威《おど》すといい、使う糸や革は「威し毛」。色、柄から名付けて緋威し、紅威し、沢瀉《おもだか》威しなど、種類は数多ある（彩画職人部類）

■鉄の加工は下地師、糸は糸屋が作り、鎧師が威す（人倫訓蒙図彙）

冑●冑は頭を覆う鉢と鉢から後ろに垂らして首を守る錏《しころ》からなる。前面の前立物《まえだてもの》は飾り。冑も戦国武将たちが意匠を競い合った。

■鍬形は農具の鍬を象ったという（商売往来絵字引）

足打

●あしうち

足打は組紐の技の一つ。手で糸を捌《さば》き、足で糸の組目を打ち締めるのでこの名がある。大小（刀と脇差）の柄《つか》に巻く柄糸や具足の威《おど》し糸を組む主に女の仕事。下緒打もあり、これは大方男の仕事。

■足打（人倫訓蒙図彙）

■刀の鍔の近くから下がるのが下緒（商売往来絵字引）

具足師

●ぐそくし

「具足」とは甲冑《かっちゅう》のことで、前頁に掲げた鎧細工とほぼ同義なのだが、時代が下るにつれて有り様が変わった。重装備の大鎧《おおよろい》を簡略化した当世具足なるものが登場。細かい威しの手間を省き、腕や臑は籠手《こて》、臑当《すねあ》てに変わる。泰平の世になると、当節の刀剣と同じで実用の需要はなくなったが技は残った。

■具足師（宝船桂帆柱）

着込●鎧の下に着ける鎖帷子《くさりかたびら》などをいう。『人倫訓蒙図彙』には鉄針金や鮫の切れで作り大将が用いるとある。

■完全武装の大将（商売往来絵字引）

刀

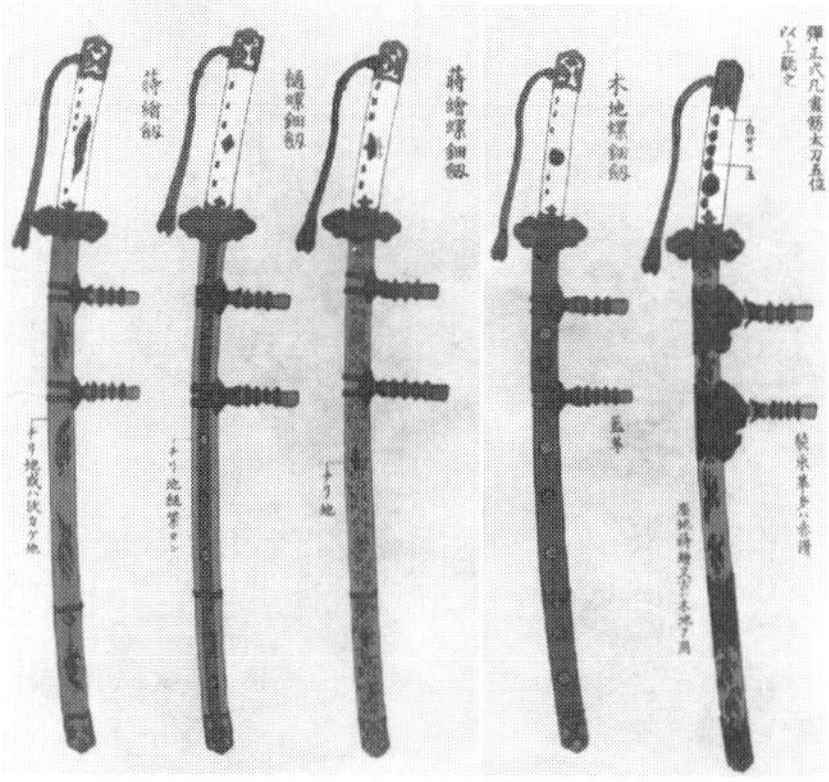

■公家が礼装時に帯びる錺剣。柄、鞘ともに螺鈿《らでん》や蒔絵が施された豪華絢爛な太刀（服色図解初編）

刀屋

●かたなや

『人倫訓蒙図彙』には店は二条城の南、寺町三条他所々にあるという。一方武家の人口が図抜けている江戸市中には同業商が集まる町がある。『守貞謾稿』によれば新品を安く売るのが日本橋久松町辺り。芝日蔭町は向かいに武家屋敷が並ぶ所で、この辺りの刀屋は刀、脇差、小道具ともに古いものばかりを扱い、値段は高くないという。

武具店

●ぶぐてん

下谷御成道《したやおなりみち》の武具店の逸話を『守貞謾稿』が紹介している。古い武器、甲冑、槍、長刀、馬具並びに古銅の水盤や香炉、火鉢まで売っている。従来はどの店も古い槍を数十本軒に立て掛けていたが、嘉永六（一八五三）年にアメリカ船が浦賀に来た時、槍ばかりか甲冑も全部売れてしまい、その後甲冑の新しいのを作っている。不意の特需で商売繁昌したのはこの町だとある。

■奈良、美濃他諸国で打出した刀、脇差に拵えをして売る刀屋（人倫訓蒙図彙）

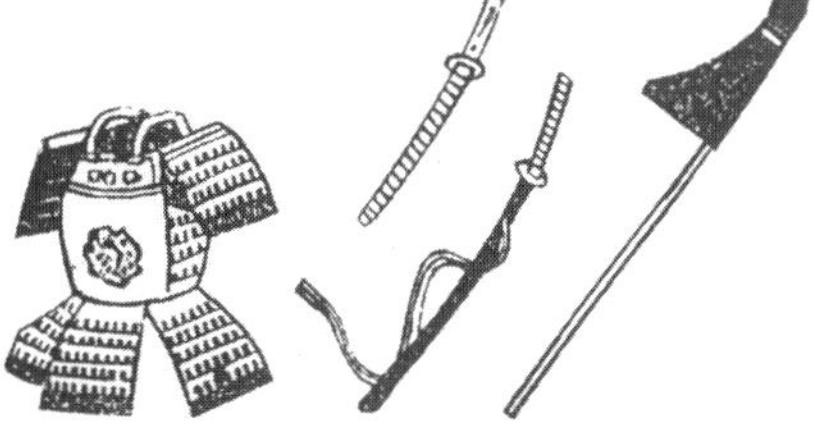

■武具の色々。右から長刀、太刀、脇差、鎧（商売往来絵字引）

■鉄床の上に刀を据えて鍛える刀鍛冶。右手は槌、刀身を挟んでいるのは鉄箸（彩画職人部類）

刀鍛冶

●かたなかじ

武家の証、刀を作るのが刀鍛冶。原料の鉄を叩いて練り、刀身らしき物が出来上がると焼入れをする。この仕事は武家が台頭した源平の頃から盛んになり、鎌倉室町期に全盛期を迎える。特に備前や美濃に多くの名工が出たが、江戸期には大大名が領する諸国の城下町にも優れた刀鍛冶が集まった。

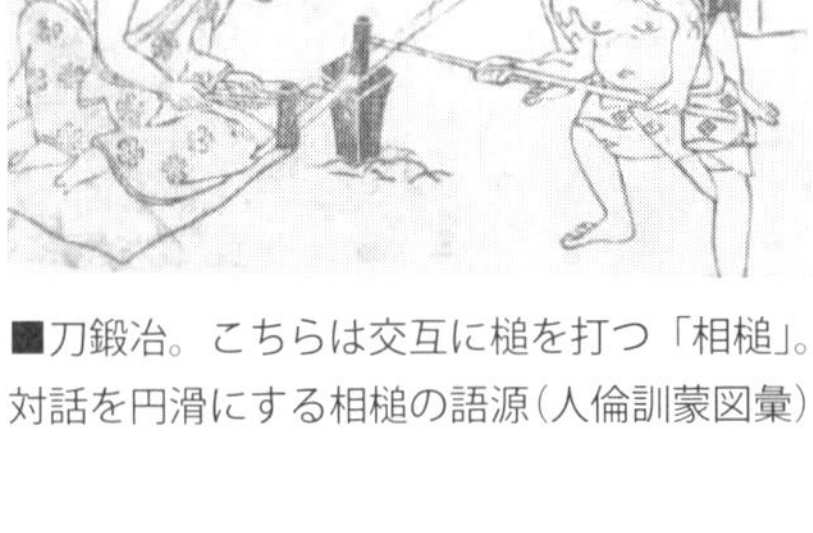

■刀鍛冶。こちらは交互に槌を打つ「相槌」。対話を円滑にする相槌の語源（人倫訓蒙図彙）

■鞴師（人倫訓蒙図彙）

鞴師

●ふいごし

鞴は火力を強めるための風を送る道具。鍛冶や鋳物師など、鉄を扱う職人が用いる。刀鍛冶は風の送り具合で火加減を調節し、頃合いになったところで焼入れをする。

■鋤《すき》と鍬《くわ》。柄に直角に刃が付いているのが鍬（両點庭訓往来）

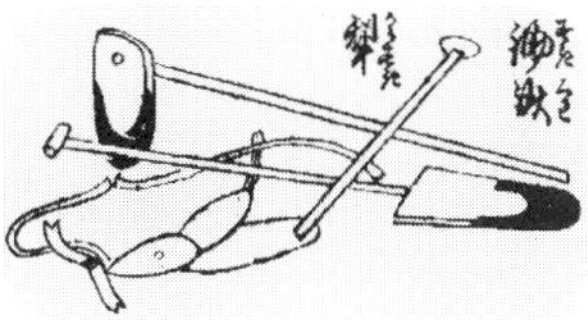

鍛冶

●かじ

鉄を鍛えて道具を作る鍛冶職は古くからあり、主に農具を作っていた。生きる糧となる米作りを楽にする田起こしの道具、あるいは日々の食を調える庖丁など、民の暮らしに直に関わる物を作るのが鍛冶屋。

■出刃薄刃刺身庖丁煙草庖丁何れも皆名物也と『日本山海名物図絵』にある堺庖丁。堺はまた鉄砲鍛冶の町でもあった（日本山海名物図絵）

■鍛冶屋（人倫訓蒙図彙）

拵師

●こしらえし

拵とは刀を収める鞘《さや》、柄、鐔《つば》をいう。抜身で持ち歩けば危険極まりないのは当然で、実用品ではあるが、次第に装飾性を重視。鞘は塗り、柄には鮫皮、鐔は意匠に凝ったようだ。

■拵師は刀の外装をする職人（宝船桂帆柱）

柄巻師

●つかまきし

■柄巻師（人倫訓蒙図彙）

刀を握る部分を柄といい、その柄に組紐などを巻くのが柄巻師。『人倫訓蒙図彙』には菱巻はもとよりの事、片手巻、胡麻柄等、巻き様は色々とある。片手巻は菱巻のような互い違いではなく、一方向の巻き方。

鮫屋

●さめや

■鮫屋（人倫訓蒙図彙）

鮫の皮を売るのが鮫屋。刀の柄を巻くのに使うのだが、鮫皮がざらざらしているため、刀を握った時に滑らないところから使われ出した。柄に糸を巻くようになる以前は貴重な滑止めだった。

■鮫皮の柄（商売往来絵字引）

刀

象眼師

●ぞうがんし

様々な道具の表に金銀貝殻を嵌め込んで模様を施すのが象眼師。刀の鍔や小柄《こづか》、鐙《あぶみ》などの武具、馬具、あるいは日常の什器にも象眼の技法は使われる。

■鐙に象眼をする職人。鐙は鞍に付けて足掛りにするもの（人倫訓蒙図彙）

■鍔屋（人倫訓蒙図彙）

鍔屋

●つばや

鍔は刀を鞘に収める際の歯止めになり、いざ抜いた時には手を守る役目がある。とはいえ江戸期には作りや意匠を凝らす趣味の品となっている。鍔屋は大小の古鍔を商い、あるいは鍔磨（鍔師）に誂えさせて売る。

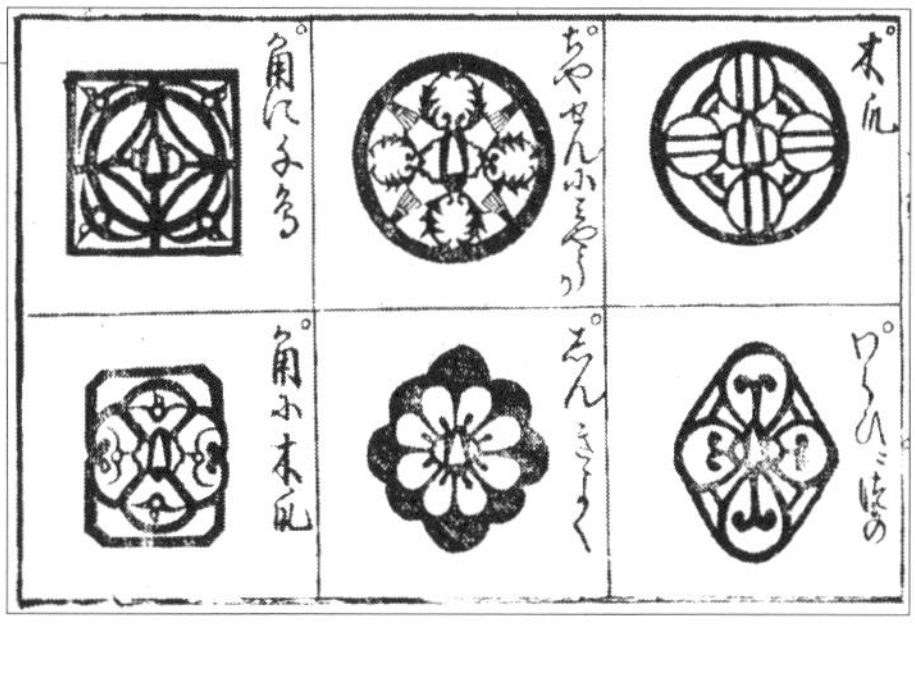
■刀の装飾性が際立つ鍔は数多の紋様が施された（後藤家彫物目利）

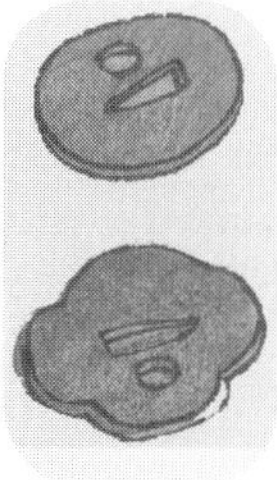
■銅と銀の合金「四分一」や鉄で作る鍔（商売往来絵字引）

研

刀研

●かたなとぎ

刀は仕上げに刀鍛冶が研上げるが、手入れは欠かせない。外気に晒した程度なら鞣革で拭けば済むだろうが、必要とあらば研師に委ねる。きめの荒い荒砥《あらと》から始めて中砥、仕上げ砥と三種類の砥石を使って研ぐ。

■刀研（絵本士農工商）

砥屋

●とや

山から切出された研ぎに適した石（砥石）を加工して道具としての「砥石」を作るのが砥屋。刀、剃刀などの仕上げに使う京の鳴滝《なるたき》砥は古くからの名物。他に三河の名倉砥、丹波の佐伯砥など、産地は諸国に散在している。

■砥屋（人倫訓蒙図彙）

■石を切出すのは石切、石工ともいう。石に鑿を当てて玄翁《げんのう》で打つ（諸職人物画譜）

弓矢

弓師

●ゆみし

弓師は、かつては木を削って弓を作ることから弓削《ゆげ》と呼ばれた。使い勝手が戦の勝敗を左右する弓は単純な丸木から進化を遂げる。主な作りは撓《しな》り、強度に優れる籐を巻いた籐弓《とうゆみ》。漆を塗込めた「塗籠籐《ぬりごめどう》」を始め、巻き方を含めて技法は色々ある。

■侍の子として生まれると、射芸の素養が求められた。日々これ鍛錬（頭書増補訓蒙図彙）

■弓箭師とあるが、箭は矢のこと。添えた狂歌は「金儲け当り外さぬ弓師とて矢よりも早き立身の的」（宝船桂帆柱）

弦師

●つるし

弓に張る弓弦《ゆづる》を作り、弦差《つるさし》ともいう。麻糸を撚《よ》って薬煉《くすね》を塗る。薬煉は松脂から作る粘着力が強いもので、射る時に弓を持つ手にも塗る。仕上がった弦は弓師が張って完成する。

■芯にする竹を削る弓師（人倫訓蒙図彙）

■矢師も弓師も屋内の仕事、居職（頭書増補訓蒙図彙）

矢師

●やし

矢師は矢を作る。弦に番《つが》えて遠くにいる人や動物を射るのが矢。竹や木を削って矢柄を作り、先端に鏃《やじり》と矢羽根を付けたもので、実戦用の代表は征矢《そや》。鏃には鎗のような柳葉や先を尖らせた丸根などを付け、羽は三枚。

弓矢

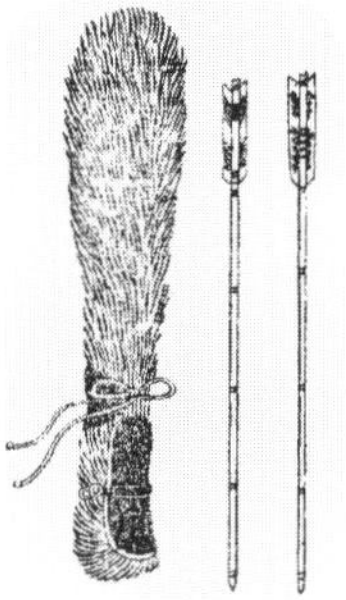
■矢を入れる靫と矢。矢は征矢で鏃は先が尖った丸根（頭書増補訓蒙図彙）

靫

●うつぼ

靫は空穂とも書くが、矢を入れて腰に下げ、持ち歩く道具をいう。細長い魚籠《びく》のようなもので、毛皮で覆うこともある。ちなみに狂言の演目にある『靫猿』は猿回しの子猿が靫にされそうになって騒動になる話。

■靫（彩画職人部類）

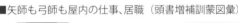

鉄砲

■砲術の稽古（絵本士農工商）

鉄砲鍛冶

●てっぽうかじ

戦国時代にポルトガル人によってもたらされた鉄砲、火縄銃は種子島から堺に伝わり、その後堺の他近江国の国友《くにとも》、紀州の根来《ねごろ》など、各地に鉄砲鍛冶が誕生する。江戸時代になると鉄砲は幕府の管理下に入り、勝手に作るのも売るのも許されなかった。表向きは堺、国友の鉄砲鍛冶が辛うじてお上の御用を務めた。

■鳥銃という説明が付く『頭書増補訓蒙図彙』所載の鉄砲。

■上から十匁筒、短筒小筒大筒。匁は重さの単位で、その重量の玉の直径で口径をいう。十匁筒の口径は約十九ミリ（商売往来絵字引）

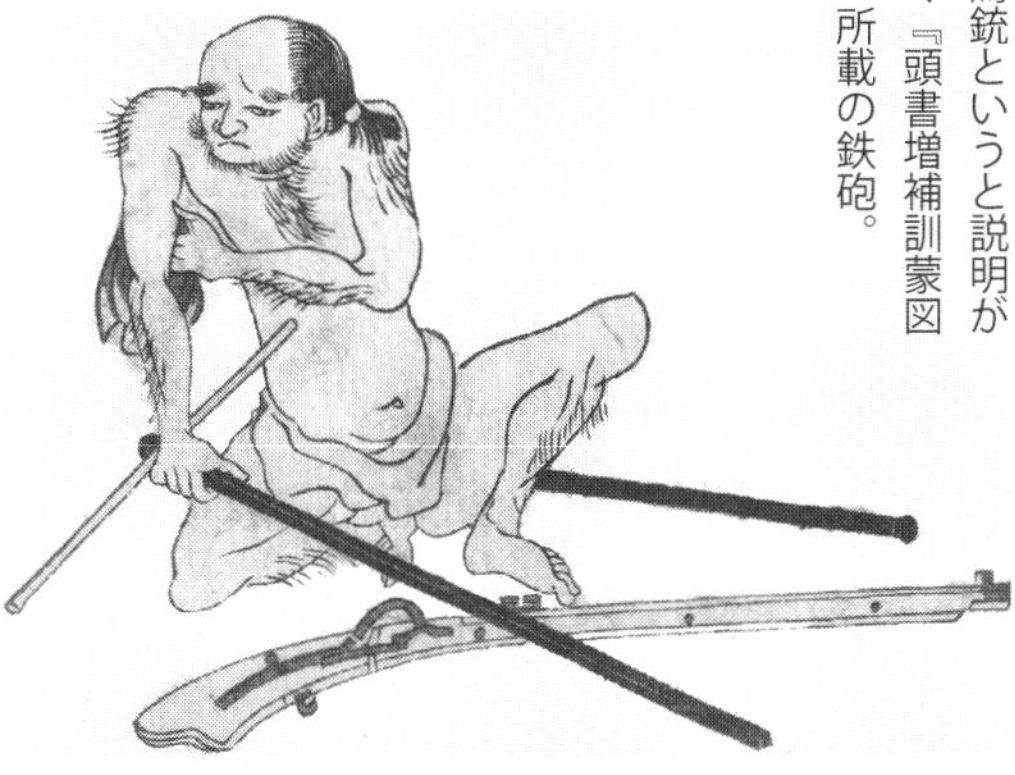

■仕上がった銃身を手にする鉄砲師。鉄砲鍛冶が銃身を作り、銃床は台師、金具は金具師と各々専門の職人の手を経て完成する（今様職人尽歌合）

江戸の豆知識

■江戸城の大広間に居並び、将軍のお言葉を賜る諸大名。前列は最上位の礼服「束帯《そくたい》」姿で、冠を被り上衣の裾は異様に長い（徳川盛世録）

■公家は冠、武家は烏帽子を被る儀式があったが簡略化され、時代が下ると髪型を変えるだけになった。図は侍烏帽子の被り方（包結図説）

■元服後の姿（商売往来絵字引）

■武家の礼服の一種「大紋の直垂《だいもんのひたたれ》」、略して大紋。浅野内匠頭が殿中で起こした赤穂事件の時の姿がこれで、両袖はひときわ大きく、長袴の後ろにも大きな紋が付く（徳川盛世録）

【分相応の装いが求められる侍の社会】

時代劇で見かける武家の姿は腰に刀を差し、頭は後ろをすっきりと結上げた髪型で背筋を伸ばして歩く。外では基本羽織に袴を着用。大雑把にいえば帯刀、髪型、着衣に武家なりきの決めごとがある。

●元服は大人への道　武家の元服は大切な儀式で、時期はおおむね十代の中頃。月代《さかやき》を剃り、侍に相応しい髷《まげ》を結う。かつては侍烏帽子《さむらいえぼし》（上図）を被るのが正式だったが、江戸時代になるとこれは省略。また、伊豆千代丸から北条氏康、竹千代から松平元康《（とくがわいえやす）》に変えたように幼名から実名に改め、武士としてのスタートを切る。

●親の身分が子の身分　例外的な出世もあるにはあるが、武家に生まれた子は親の身分を継承。服装だけではなくすべて

▲膨大な人数の供を従えて登城途中の紀州公の行列（徳川盛世録）

■槍持ちの中間《ちゅうげん》。腰には木刀、足元は草鞋履き（徳川盛世録）

■いずれの家中か、殿はくつろぎ家臣は裃姿で畏まる（民家育草）

の面で家の格に応じた定めがあり、平服も礼服も勝手は許されない。将軍に謁見《えっけん》の際はいわゆる衣冠束帯《いかんそくたい》で臨むが、細かい規定が数多ある。幕府の直臣にも役につかない（仕事がない）控えの侍がかなりいたが、それでも決まりは守る。勤務中に必須の袴は町方は例外で、上司の与《よ》力《りき》は着けるが、同心《どうしん》は羽織に着流し。

■仕える主君を持たない元侍が浪人。事情を問わず士籍を失えば身分は「農工商」と同じになるが苗字帯刀は辛うじて許された。たとえ身形が粗末であろうとも腰の刀が侍としての矜持の証だった（頭書増補訓蒙図彙）

第三章・学び

学び伝える知の仕事

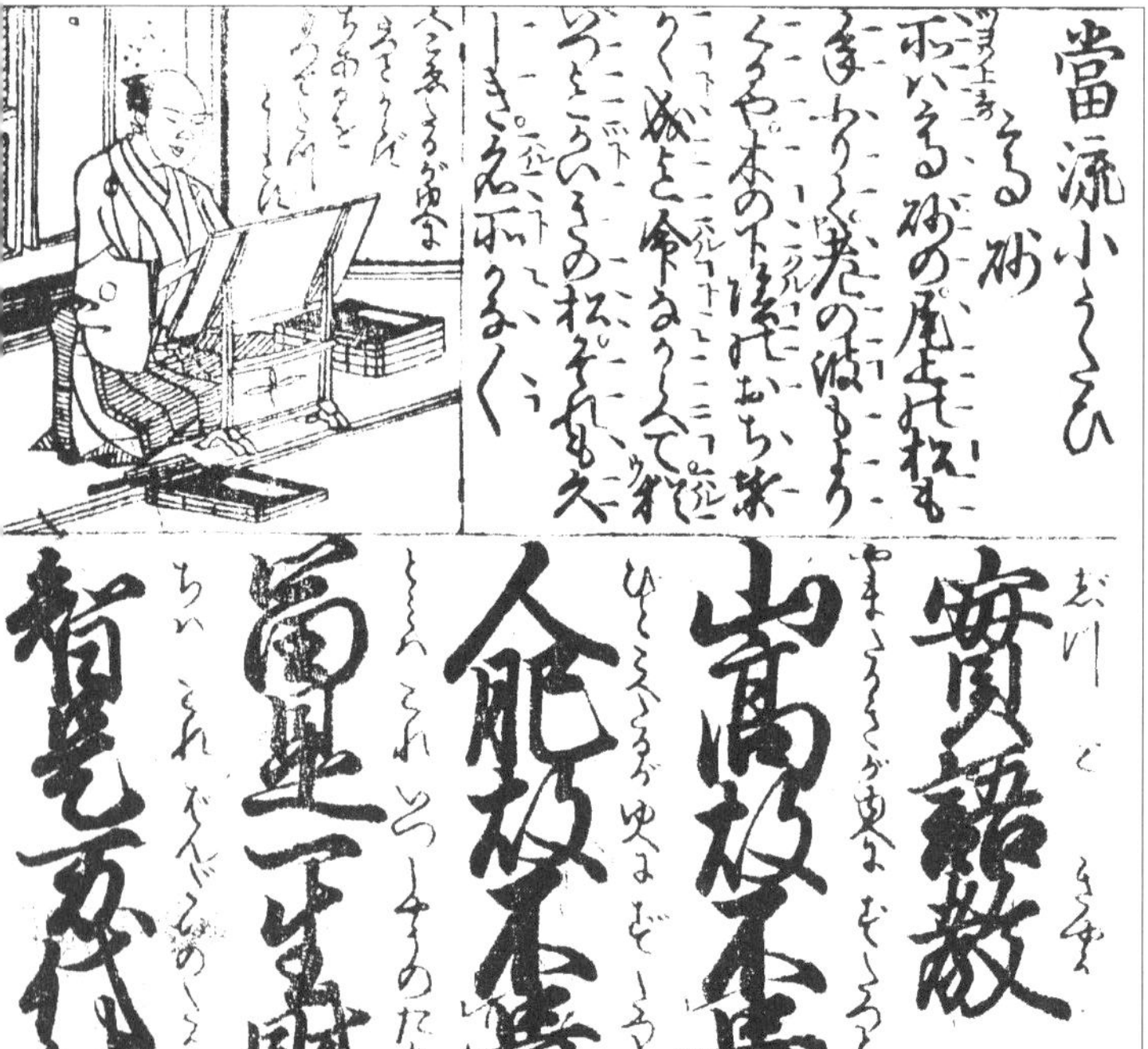

當流小うたひ

實語教

山高故不貴
以有樹為貴

人肥故不貴
以有智為貴

富是一生財
身滅即共滅

智是万代財

■往来物という教科書の一つ『童子専用寺子調法記』の冒頭。道徳的な教材を諳《そら》んじながら漢字と読みを学習する。

文房四宝

紙

◇紙漉◇紙屋◇紙屑買い

筆

◇筆師◇筆墨売り

墨

◇墨師

硯

◇硯切

知恵者

学問

◇学者◇算者◇算盤直し

◇手習師匠◇寺子屋◇占師

識者

◇有職者◇諸礼者◇目利

書画
◇絵師◇筆道者◇経師

印判
◇印判師◇印肉の仕替え

文芸
◇詩人◇歌人◇連歌師◇俳諧師◇戯作者

本
◇本屋◇版木師◇表紙屋

絵草紙
◇絵草紙屋◇貸本屋◇読売

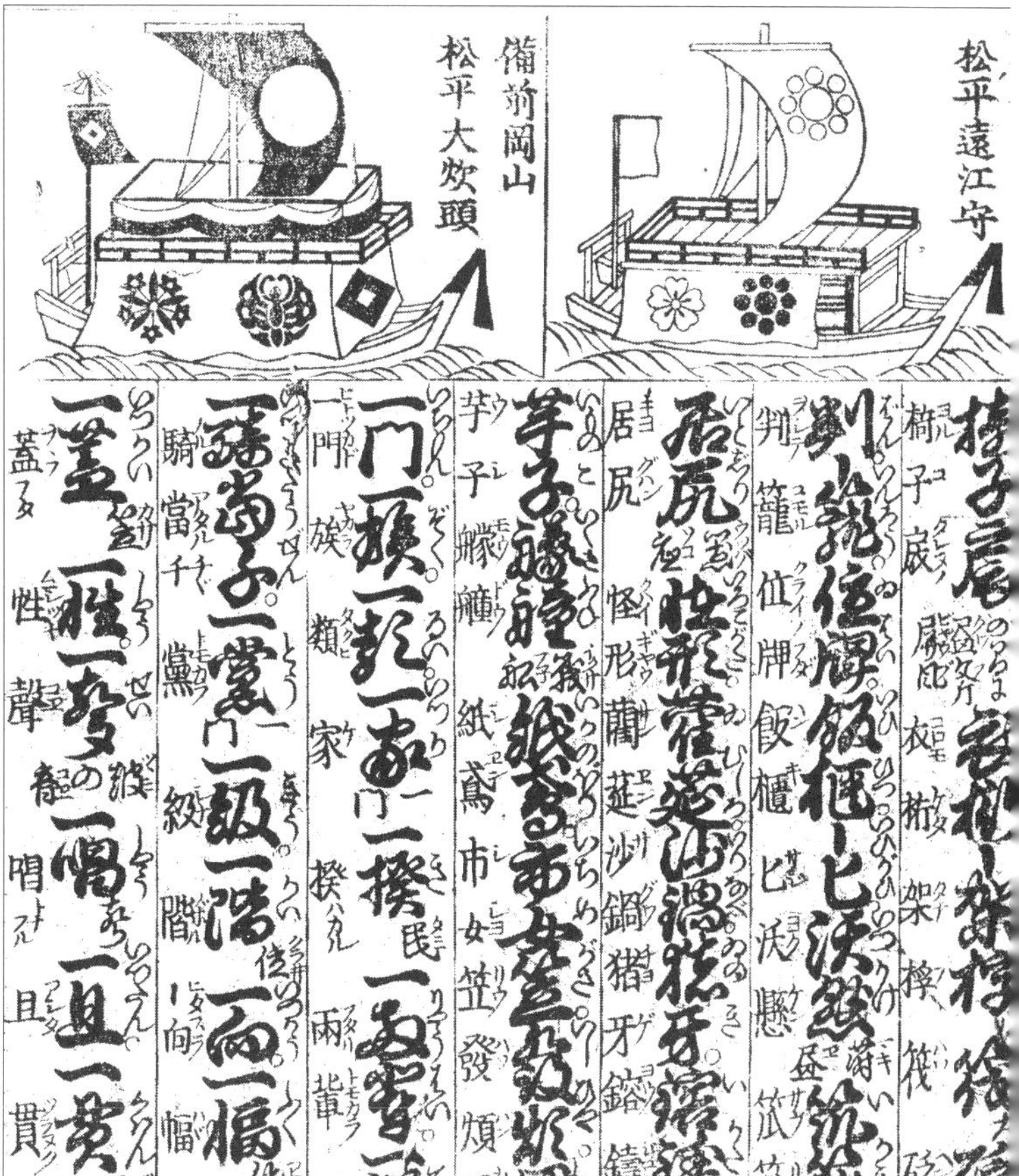

出版

■いろは順に日常語を並べた節用集は江戸期に流行った国語辞典。体裁は色々で、上図の『萬図節用』は上段に西国大名の御座船を掲載。

学び

人生の行く手を照らす道標、福を招くや読み書き算盤

■自宅で手習いをする少女（女遊学操鑑）

云々をでんでんと言い違えて憚《はばか》らない主がいたら、奉公人はお店《たな》の未来を憂うだろう。番頭や手代はもちろん、奉公に上がる前に手習いに通った気の利いた小僧なら呆れるに違いない。それはともかく、この章は「文字を通して世の中を知る」を主題にして、まずはその道具から始めて、学問に生きる人びとを「知恵者」として紹介する。次に文字表現の文芸の他、書や絵画も含めた表現者、さらにその表現物を多くの人に流布する出版の仕事を見ていく。

●江戸の文房具　紙、筆、硯、墨の文房四宝と呼ばれる筆記の基本道具を作る職人の様子を明和七年（一七七〇年）に出版された『彩画職人部類《いろえしょくにんぶるい》』などを通して紹介する。実際の道具類は章末「知を育む江戸の文房具」で（116頁参照）。

●実学を学ぶ　江戸の商家では、小僧のうちは掃除やお使いばかりで文字を扱うことはないが、十年もすれば手代と呼ばれる地位につき、お得意さんの所へ手紙を出したり、注文の品を書き送ることになる。字が分からないではすまされない。そこで日々の仕事を終えた後、先輩の小僧か手代が文字の練習をさせる。奉公前から寺子屋で文字と算盤を習い、奉公に出てからも店の誰かから教わるなどして、上達した者が段々に出世していくのが江戸時代の商人《あきんど》。

■漢字文化圏の台湾では今も活字を売る店がある

●寺子屋の教科書　代表は『庭訓往来《ていきんおうらい》』。往来は手紙のやりとりといった意味で、いわば手紙の見本集。『庭訓往来』は漢文で書かれた往復書簡で、正式な書状の書式も分かる。例えば末尾には「恐惶謹言」と認《したた》め、日付の下に差出人名、行を変えて相手の名で締める。この手の教科書は数千種あり、前の頁に掲げた『童子専用寺子調法記』もそのひとつで、寺子たちはこれで字を覚えていく。

●写本と活字　子供たちが教科書を見て写し取り、紙束を揃えて綴じればそれも立派な写本。『源氏物語』の昔から書物は原本を写した写本によって後世に伝えられ、江戸時代になっても廃れていない。学術書を扱う本屋でも、版本と同様に貴重な書物として売っていた。たくさん刷って大量に売るには、当たり前だが写本より版本が優る。版本は往来物にしても娯楽読物にしても、文章や図を板木に丸ごと彫って作るもので、いわゆる活字は流行らなかった。

当節は書体を意味するフォントに取って代わられ、死語になりつつある活字。モノとしての活字は江戸期にもあり、徳川家康が奨励して木活字、銅活字で蔵書を出版している。

また、くずし字を書く際の仮名文字のつながりを重く見、二字三字を一組にするなどして、美しい活字を目指したのが刀の目利《めきき》でもあった本阿弥光悦《ほんあみこうえつ》。ただこの試みは高価過ぎて継承はされなかった。かような美しいものを是非にと頼まれた本屋が版木彫にそっくり彫らせた云々と物の本にあった。

文房四宝

文字を書くにも絵を描くにもまず紙が要る。筆、墨、そして硯は最低限必要なもの。これらの書斎に欠かせない、学んで表現するための宝物が文房四宝《ぶんぼうしほう》。

紙漉

●かみすき

聖徳太子の時代に紙漉の技がもたらされて以来、明治になるまで紙は手仕事で作られた。原料の楮《こうぞ》や雁皮《がんぴ》を煮溶かし、漉くのが紙漉で、右図の添え書きには暗いうちから草をこき、漉き上がるまでが大骨なりとある。

■長く女性の仕事だった紙漉（宝船桂帆柱）

紙屋

●かみや

紙は各地で作られ産地名が付いた名物が色々あり、それらは大坂に集められて船で運ばれた。紙は情報伝達の要。大消費地の江戸は書付に使う商店や本作りの販元その他がひしめき、紙屋は大商い。

■江戸の紙屋看板。奉書紙の空箱に莚を巻いて縄で括ってある（守貞謾稿）

■三都とも紙と帳簿の販売を兼ねるところが多かった紙屋（宝船桂帆柱）

紙

紙屑買い

●かみくずかい

町内を回って不用の帳簿や反古紙などを買って歩くのが紙屑買い。集めた紙類は選り分けの作業を経て専門の漉返《すきかえ》し屋へ売られ、再生する。塵紙の異名でもあった浅草紙はもっぱらこの漉返し。

■不用の紙を買取る紙屑買い。他に古着や古い銅、鉄製品なども秤にかけて買う（今様職人尽歌合）

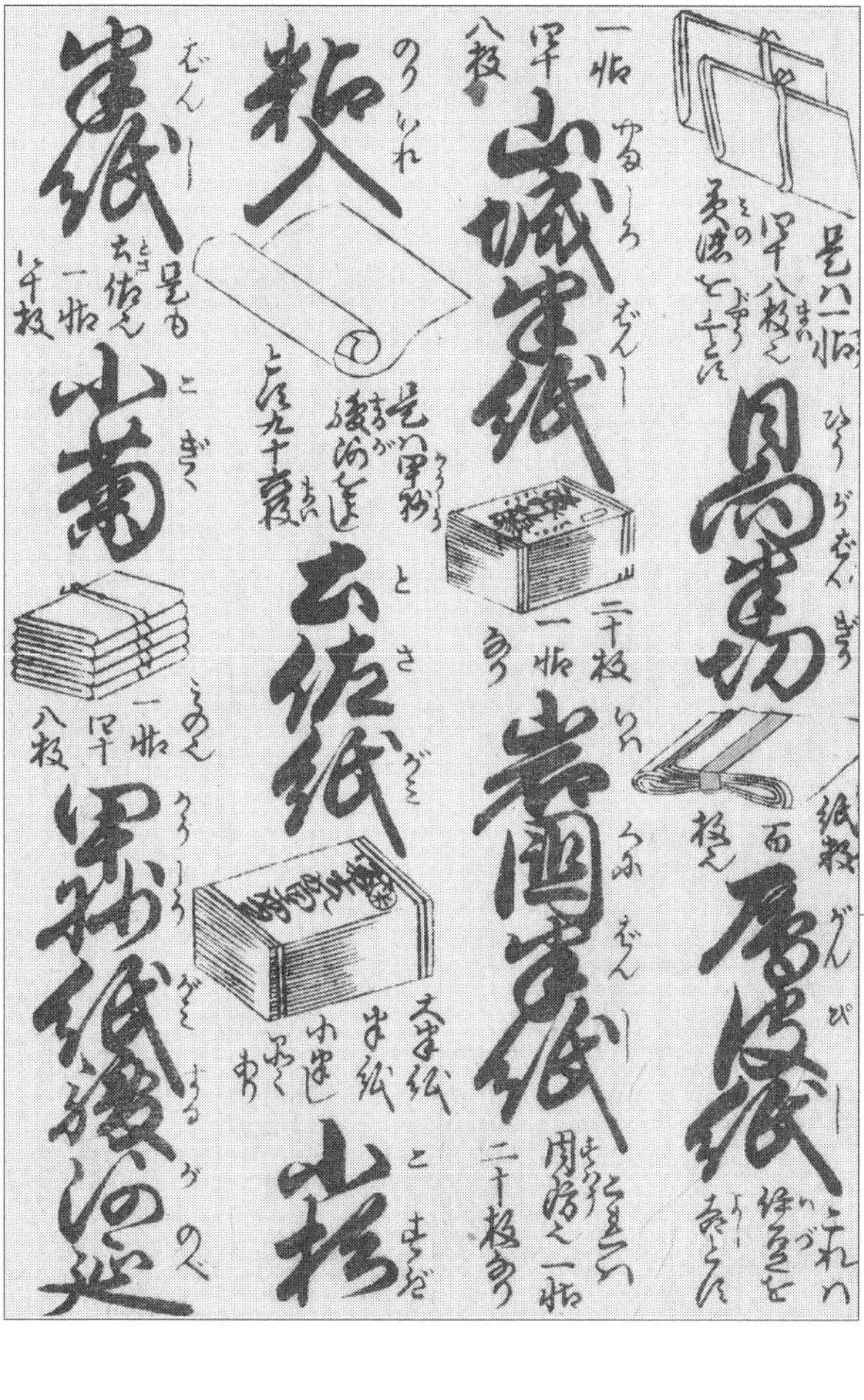

■『商売往来絵字引』に載る紙の色々。右上美濃紙の図から順に日向半切、雁皮紙、山城半紙、岩国半紙、糊入、土佐紙、小杉半紙、小菊、甲州紙駿河延。半切は張合わせ、巻紙にして手紙に使われた紙。小菊は美濃で古くから作られた鼻紙。花町の祝義や茶の湯の釜敷などとしても用いた。

■穂先を整える筆師。後ろに見える図は雀頭筆とも呼ばれる写経に適した日本最古の天平筆（彩画職人部類）

筆

狸や馬の毛を部分部分で使い分けて、一本の筆を仕上げていく筆結《ふでゆい》、筆師。墨で名高い奈良だけでなく、江戸の後期には安芸国（広島県）の熊野筆が藩の奨励もあって今に続く産地になっている。

筆墨売り

●ひつぼくうり

筆と墨は庶民にも必要なもの。商家では出入りの店が届けるか小僧が買いに行くが、町内を売り歩く筆墨売りもいた。江戸では箱を紺木綿の風呂敷に包んで担った。

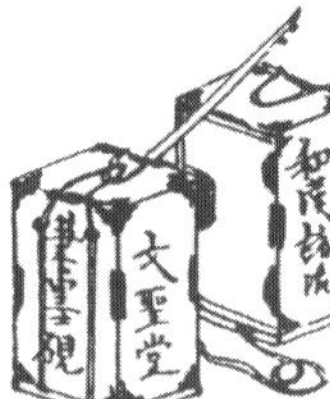

■筆墨売りの荷（守貞謾稿）

筆師

●ふでし

■筆師。身形から察するに作った筆は身分の高い人たちが使うものか（宝船桂帆柱）

墨硯

硯《すゞり》
西京雑記
天子以玉為
硯且唐人只
多以瓦為硯
五雑組云
端州石最良益墨青
紫色者可直千金

■肩に鑿《のみ》を当てて硯を彫る硯切。長年続けると鑿の柄が当たるところが窪んでしまうという（彩画職人部類）

硯切

●すずりきり

硯切は硯石から硯を作る職人。硯の石は古より中国の端渓が最上の品といわれるが、江戸時代には防州赤間関（下関）、甲州雨畑石が良品とされ、近江の高島硯は量が多く諸国に出回ったという。

墨師

●すみし

墨は煤に膠を加えて作る。煤の取り方には油を燃やして取るもの（油煙墨）や松を燃やして取るもの（松煙墨）がある。硯と同様に墨も本場中国のものが高級品で、書画に携わる人に好まれたようだ。国産は発祥の地でもある奈良墨を筆頭に、江戸中期からは各地で作られた。

■墨師。墨は菜種油や松根を室の中で終夜ともしてその油煙を掻き集め、これを膠で固めて作る（人倫訓蒙図彙）

知恵者

泰平の世に求められるのは、礼を重んじる心と算盤勘定。極めるのは諸々の学者であり、未来を担う子供たちに教え授けるのが寺小屋の師匠たちだ。

学者《がくしゃ》

世間一般に学者とは儒者をいうと『人倫訓蒙図彙』にある。孔子の掟を守って仁、義、礼、知、信の五常、人が常に励むべき五つの道を納めるべきだとし、その道を教え、詩経や老荘までも人に乞われると教える。

■医は医学者、歌は歌学者それぞれに師がある（人倫訓蒙図彙）

算者《さんじゃ》

天地の法則も算数を使って考え高山深淵もそこに行かなくてもわかるのは算勘（算術）の徳だと『人倫訓蒙図彙』にある。算者は算勘を得意とするもので、算盤が出来るまでは算木を使い、計算をした。

■算盤を弾いて大福帳にある数字を入れる算者（人倫訓蒙図彙）

算盤直し《そろばんなおし》

■算盤直し。枠や玉を通す竹が割れるなど、壊れた算盤を直すのが商売（守貞謾稿）

手習師匠

●てならいししょう

自宅に子供を集めて文字の読み書きを教えるのが手習師匠。師匠の書いたものを手本に繰り返し練習し、学びの基礎になる文字そのものを覚えるのが当時のやり方。

■子供に手ほどきをする手習師匠（諸職人物画譜）

学問

寺子屋

●てらこや

商家に奉公するにしても、職人になるにしても読み書き算盤は大切だった江戸時代。寺子屋は子供にそれを教えるための町場の塾で、師は僧侶や武家、浪人者が務めた。

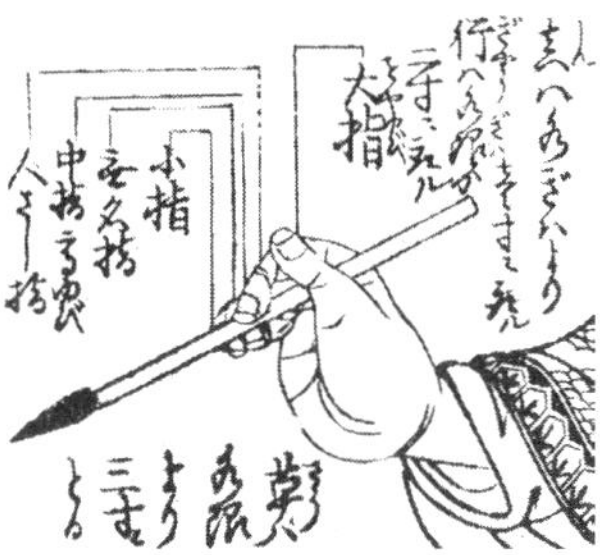

■『童子専用寺子調法記』に載る筆の持ち方。楷書、行書、草書と書体が違えば筆を持つ位置も変わると教え、指の添え方を図示している。

実語教●童子教とともに寺子屋の教科書として使われたのが実語教。「山高故不貴《やまたきがゆえにとおうとからず》 以有樹為貴《きあるをもってとうとしとす》」などと大きく漢字が書かれ、脇に読みがなを添えていて、漢文の素養が身に付く教材。

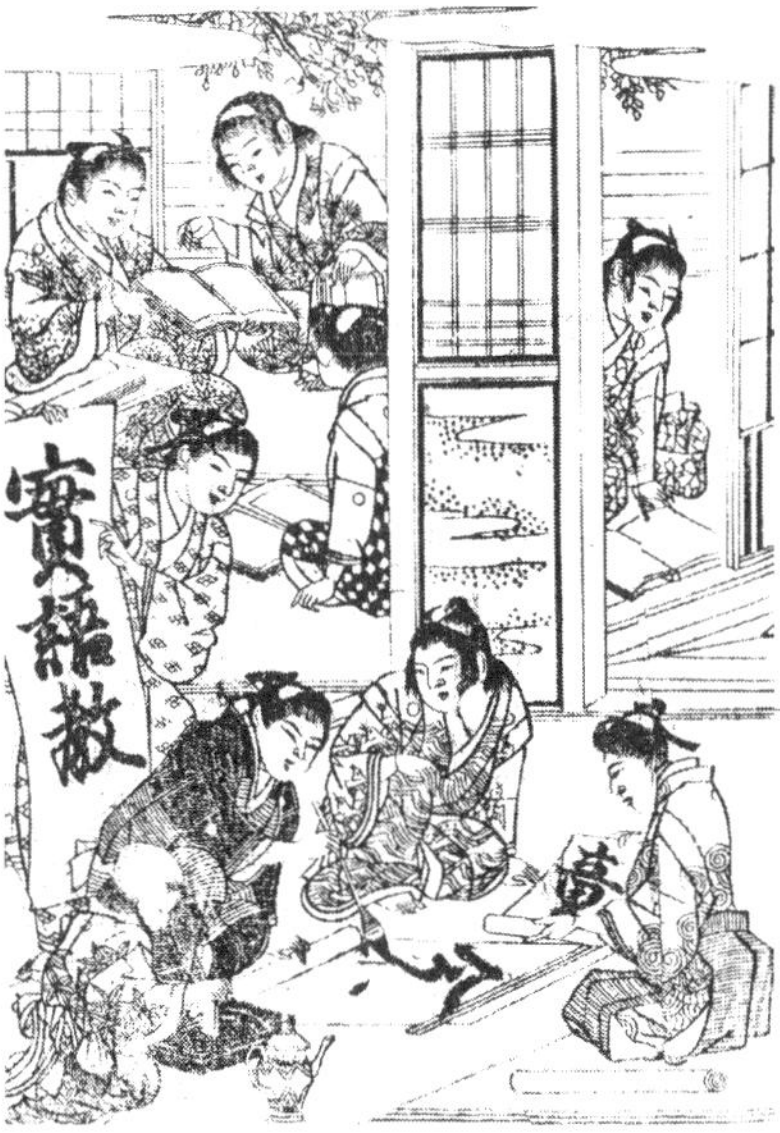

■子供のための学問所、寺子屋の手習い風景（童子専用寺子調法記）

占師
●うらないし

大昔は国家の一大事に関わる事を亀を焼いて甲の紋を見てを占ったが、後にいわゆる筮竹を使う「筮」がこの「亀卜」に替わる。下図の占師は算木で占う「算置」。また山伏も常に天文、易学を学び、手の筋から吉凶、病の軽重、失せ物のなくなった方角などを占った。

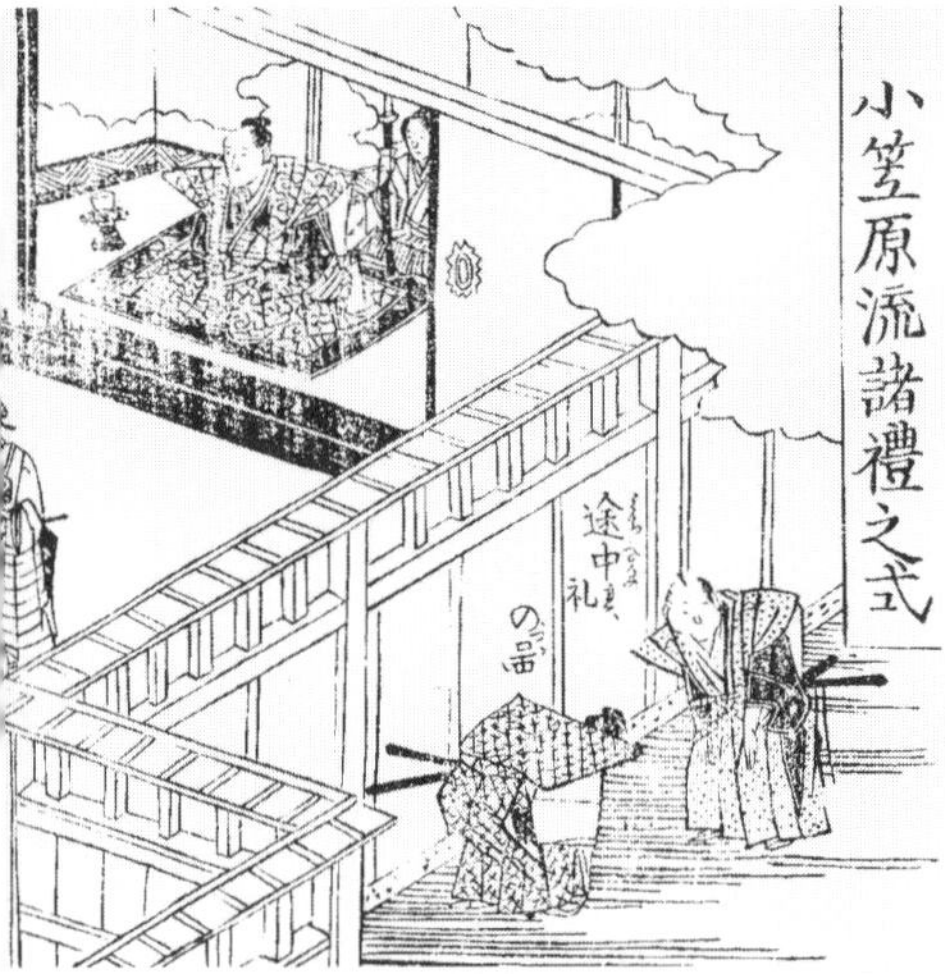

■算木を使って占う路傍の占師（人倫訓蒙図彙）

■古今の文書類を紐解く有識者（人倫訓蒙図彙）

識者

小笠原流●武家が心得るべき弓や馬の扱い、あるいは所作の礼式を築き上げたのが源頼朝の家臣小笠原長清を祖とする小笠原流。上図は室町期に確立した諸礼の式を描いたものだが、よく見ると鼻のかみ方まである。

有職者
●ゆうしょくしゃ

日本には色々な道の法式があり、これを明快に説明できる人を有職の人というと『人倫訓蒙図彙』にある。まず上天子の法、下百にいたるまで様々な決まりごとがある。各家に伝わる伝説を古実といい、代々の行われた事柄を記録と称して我が国の重要なものとしている。

■お辞儀の仕方、茶の運び様、屏風の立て方などが描かれた「小笠原流諸礼之式」(永代節用無尽蔵)

■刀の扱いを伝授する諸礼者
(頭書増補訓蒙図彙)

諸礼者

●しょれいしゃ

礼儀の作法は室町幕府三代将軍義満の時代に始まる。小笠原家の諸礼といい、熟知する者を諸礼者という。本来は武家の礼式だが、般人にいたるまで礼法の基本と見なされた。

目利

●めきき

目利は墨跡、古画、諸々の道具の真贋をよく見分けられる人のことをいい、古筆見ともいう。刀剣の目利きには室町期から続く本阿弥という家があり、寛永の三筆の一人光悦も刀剣の目利。

■軸物の絵画を鑑定する目利(人倫訓蒙図彙)

表現者

江戸時代の書画と文芸に生きる創造者の世界を見ていく。享受するのは身分の高い層と町人に分けられるが、時代が下るとともに庶民相手の文化が花開く。

絵師

●えし

当節人気の北斎や若冲は作品を売って生業とする町人。江戸の中後期からこうした町絵師の活躍が目覚ましいが、初期に出た『人倫訓蒙図彙』に名が載るのは「狩野家並びに土佐家、俵屋流」など。狩野家は代々幕府に召し抱えられた御用絵師で、土佐家は室町前期から続く宮廷絵師。唯一の町絵師が宗達の俵屋。

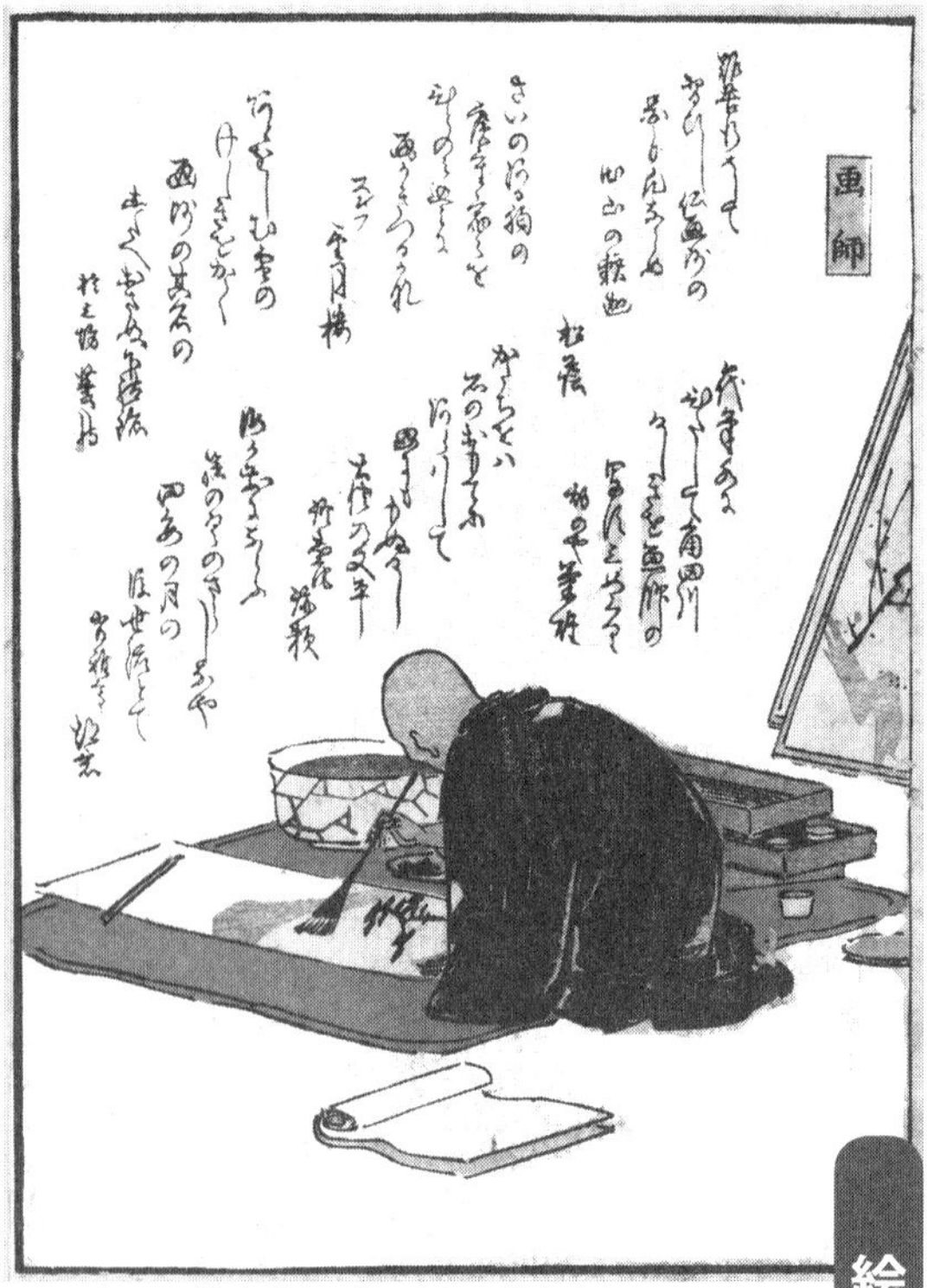

■山水画を描く絵師（狂歌倭人物初編）

■絵師。ぶん回しを使って丸みを描いているか、筆の二本使いか（絵本庭訓往来）

筆道者

●ひつどうしゃ

筆道者とは書家のこと。晋の王羲之が筆法の祖とされ、石に書くと墨が一寸ほど沁みたという。日本では嵯峨天皇、弘法大師、橘逸成の三人を三筆といい、小野道風、藤原佐理《すけまさ》、行成を三跡という。いずれも筆道の名手とされ、後世に残されたその筆跡は貴ばれている。

■右は楷書、行書、草書体を作り上げた中国の書聖。左は平安時代の三跡の一人、小野道風（頭書増補訓蒙図彙）

■武家を相手に手本を認める筆道者（人倫訓蒙図彙）

経師

●きょうじ

書画

経師の仕事は奈良時代は写経師、平安以降は製本に軸足を移す。『人倫訓蒙図彙』によれば、諸々の経巻、巻物、色紙、短冊、薄様、香包、その外色絵の紙、贈経等、紙で造る類一切を造るとある。江戸時代には巻子本（巻物）の他に冊子本の製本をし、書画の表装をした。

■台紙に書画の描かれた紙を貼る経師（今様職人尽歌合）

■印判師（人倫訓蒙図彙）

印判師

●いんばんし

商いの書付を始め、文書に責任を負う印形は大切な物。特に書画に添える作者の雅号などの印、落款印は真贋を見極める決め手になる。印材には水牛や柘植、あるいは石を使って彫る。

■『萬物雛形画譜』に載る印影。織田信長、豊臣秀吉、武田信玄、弘法大師といった歴史上の人物のもので、どれも味わい深い。

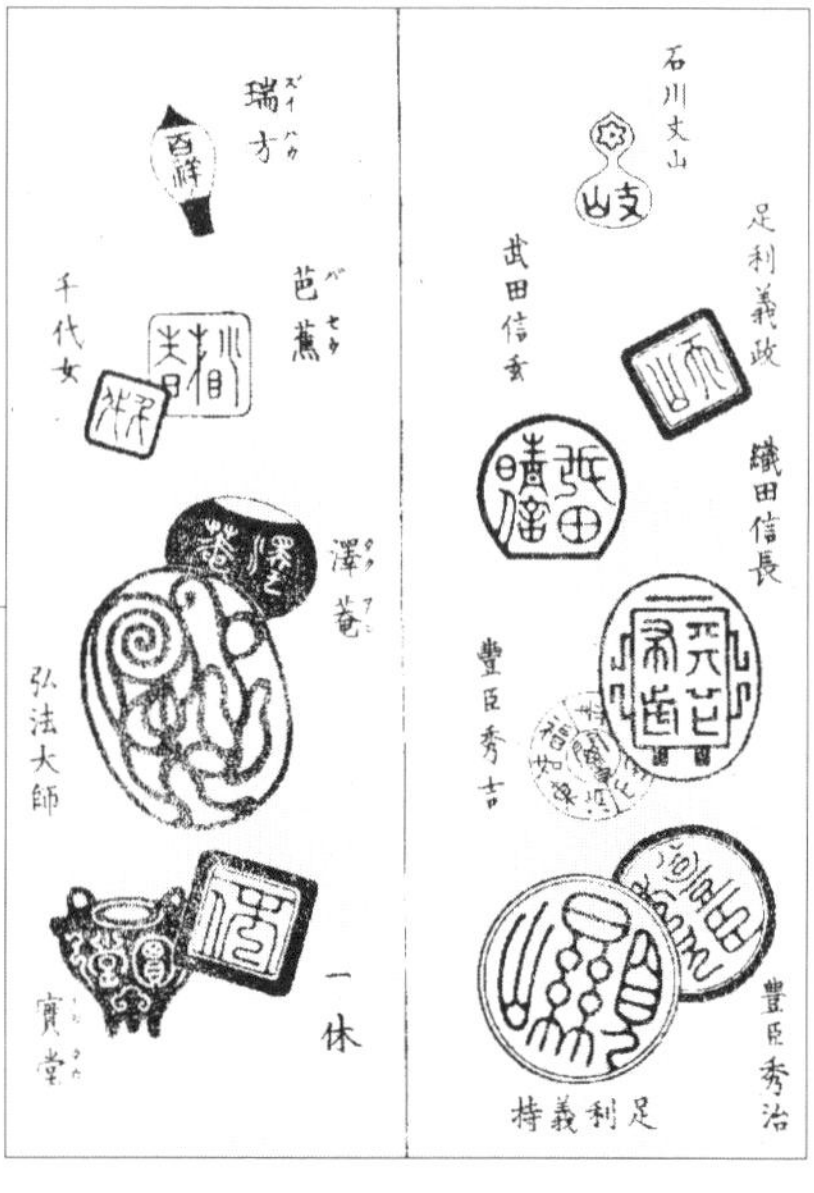

印肉の仕替え

●いんにくのしかえ

印肉の仕替えは判を捺す時に使う印肉の中身を替えるのが仕事。風呂敷で荷を包み、結び目を前で抑え、背負って歩く。庶民は朱肉が禁じられており、黒印が普通だった。

■客は主に商家と思われる印肉の仕替え（守貞謾稿）

印譜●印影を集めて編集した本のことで、中国や日本の古印、篆刻家の印などがある。右図は印譜そのものではないが、内容がうかがえる。

詩人

●しじん

国破山河在《くにやぶれてさんがあり》、城春草木深《しろはるにしてそうもくふかし》（杜甫の「春望」）。江戸時代に詩といえばこうした漢詩のことで、『人倫訓蒙図彙』には唐国から始まったので唐歌というとある。詩は儒学者のもので草創期の林羅山、新井白石等が牽引し、文化文政期に隆盛を極める。公務につけなかった儒者は塾を開いて漢学とともに詩も教えた。

■右は唐の詩人白居易、字は楽天。左は東坡と号した宋の蘇軾（頭書増補訓蒙図彙）

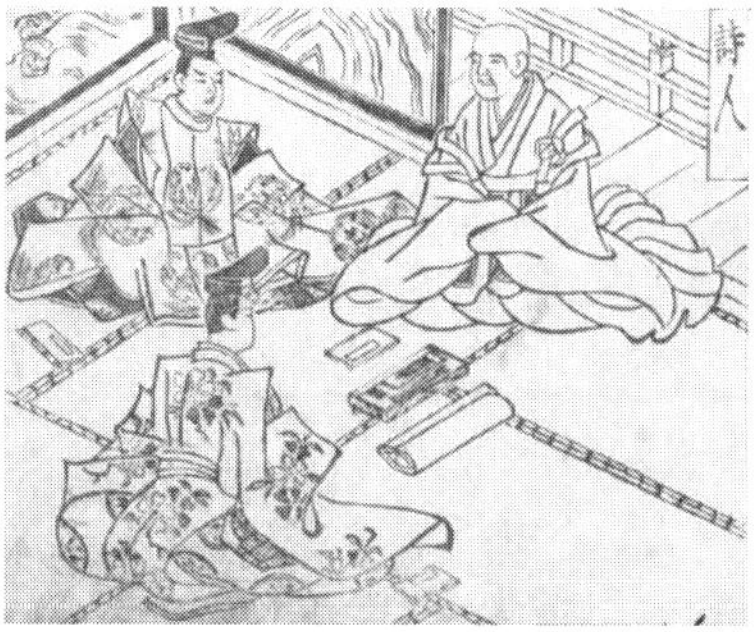

■公家に詩を手ほどきする僧侶（人倫訓蒙図彙）

歌人

●かじん

真っ当な和歌は下々には遠い世界だと見えて『商売往来絵字引』には古今、万葉、その外物語ものなどがあるが、みな雲上人《うんじょうびと》のなさることだとある。三十一文字の文芸様式そのものは狂歌《きょうか》や日常生活の心構えを説く道歌《どうか》として親しまれた。「堪忍の袋を常に首にかけ破れたら縫え破れたら縫え」などなど。

■和歌を守護する三歌人。衣通姫《そとおりひめ》、山部赤人、柿本人麻呂（頭書増補訓蒙図彙）

■芭蕉翁の発句「木の下に汁も膾も桜かな」に句を付ける俳諧の連歌（永代節用無尽蔵）

連歌師

●れんがし

連歌は一堂に会した人びとが順繰りに歌の上句と下句を詠み繋いでいくもの。発句《ほっく》から挙句《あげく》までの数によって百韻、七十二韻、歌仙、半歌など色々ある。歌仙は三十六歌仙から来たもので、懐紙を二枚使い、初表六句、初裏十二句、名残表十二句、名残裏六句の三十六句を続ける。七十二韻は歌仙二つ、半歌は歌仙の半分の形式。室町時代の宗祇《そうぎ》や里村紹巴《さとむらじょうは》は最盛期の連歌師。

■句の付け方を指南し、添削をする連歌師（人倫訓蒙図彙）

俳諧師

●はいかいし

江戸後期の随筆『嬉遊笑覧《きゆうしょうらん》』には俳諧と連歌は猿楽の能と狂言の如しとある。俳諧は軽妙洒脱、あるいは滑稽な味わいのある文芸。俳諧師は座の面々の出来の良し悪しに点をつける「点者」で宗匠とも呼ばれる。

■懐紙に書かれた句を寸評している様子の俳諧師（人倫訓蒙図彙）

■江戸深川に庵を結んで句作した松尾芭蕉。俳号は窓越しに見える芭蕉の木にちなむ（江戸名所図会）

戯作者

●げさくしゃ

戯作は明治維新に至るまでのおよそ百年に亘って書かれた読物のこと。寛政の大改革を挟んでその前期後期で書き手や内容、体裁は変わるのだが、職業作家の白眉は『東海道中膝栗毛』の十返舎一九、『浮世風呂』の式亭三馬、『南総里見八犬伝』の滝沢馬琴。

文芸

滑稽本●登場人物の会話が愉快な一九や三馬の作品群は後世滑稽本というが、当時滑稽本の類は中本《ちゅうぼん》と呼んだ。中本は前期に流行った文庫サイズの「小本」より大振りな新書判といったところ。

■芝居小屋の見物を活写した『戯場粋言幕の外』の自序に添えた式亭三馬の署名と印

■こちらは十返舎一九の『奥羽道中膝栗毛』の序文に添えたもの

出版

文房四宝を用いて生み出した知の仕事や文芸の書籍を作るのが出版。板木（版木）を彫って刷り、本を作って売るのが江戸時代の本屋、絵草紙屋だった。

■新刊書と思しき書名の書かれた札をびっしり掲げた書物処。店先の客は供を連れた侍や僧侶（北斎道中画譜）

本屋

●ほんや

『人倫訓蒙図彙』には本屋の項に大昔は銅の板で本を作り、木を使って植え字をしたが、いつからか廃れて今は板に彫るようになったとある。これは銅版から木版活字を経て板彫りに移行する本作りのこと。江戸時代は作って売るまでが仕事で本屋と称するのは医書、仏書の類のいわば学術書を専門にしている。

■表紙がよく見えるように、棚に本を立て掛けている本屋（宝船桂帆柱）

版木師

●はんぎし

桜の木の板に文字や絵の原稿を彫るのが版木師。これを刷る事で大量生産が叶い、京坂江戸の版元（本屋）は大商いができた。出来合の活字を一つひとつ拾って組上げる活版印刷は、文字種が多過ぎる日本語には困難極まりなく、丸ごと彫った方が早かったのだろう。

表紙屋

●ひょうしや

本作りは版木師が彫ったものを刷師が刷り、最終工程の製本を担うのが表紙屋の仕事。中身の紙束の表と裏に表紙を置き、右隅を糸で綴じていく。表紙は巻物にも付くが、巻物は経師の仕事で、表紙屋が作るのは冊子本。

■写本がくどいと骨が折れるとぼやく版木師（宝船桂帆柱）

本

■江戸後期に出た『日本山海名物図会』の表紙。書名を書いた「題箋」は左に寄せて貼るのが一般的。

■表紙屋。刷り上がった紙に重しをして、綴じた後側面のはみ出しを整える（人倫訓蒙図彙）

■奥に絵草紙が堆く積まれている絵草紙屋。店先で試し読みをするのは町人のご婦人方。左は貸本屋で、大荷物を背負って出掛けるところ（江戸名所図会）

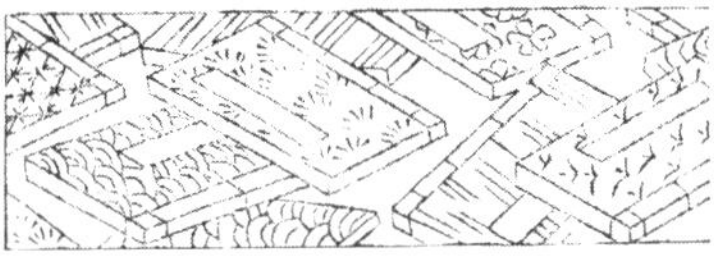

■表紙の柄を色々にして図案化した絵草紙文様（諸家地紋式）

絵草紙屋

●えぞうしや

学問書を扱う本屋に対して、挿絵の多い娯楽読物を出版販売するのが絵草紙屋。江戸時代は内容によって住み分けが出来ていて、『解体新書』と膝栗毛の連作などは一つの店舗で売られることはない。

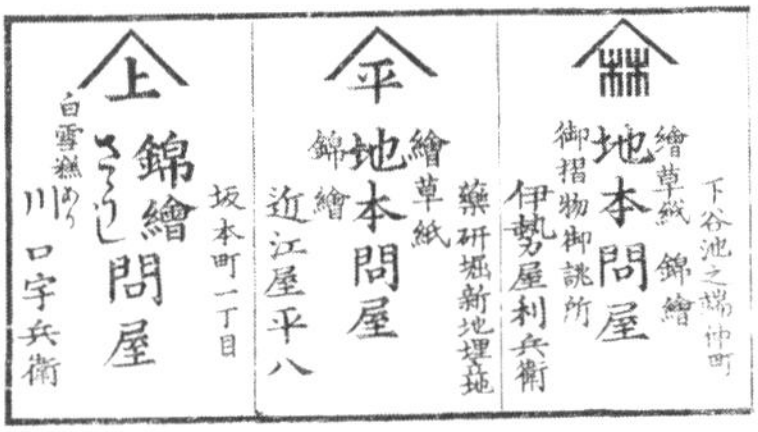

■『江戸買物独案内』の「ほ（本）」の部に載る地本問屋ともいう絵草紙屋。絵草紙、千代紙、錦絵、義太夫抜本、風流絵半切、絵本、菓子袋と楽しそうな営業品目が並んでいる。左端の川口宇兵衛は落雁の一種白雪糕も置いている。

絵草紙

貸本屋

●かしほんや

絵草紙屋で扱う書物は『守貞謾稿』によれば蔵書として買う人は少なく、貸本屋が小間物屋に似た大風呂敷の包みを背負い、得意先を回っては月貸しで諸書を貸すとある。

■娯楽読物を風呂敷に包んでお得意の家を回る貸本屋（北斎画譜）

■深い編笠を被って、二人して節を合わせる「連節」で唄いながら売る読売（今様職人尽歌合）

読売

●よみうり

一枚刷りの絵草紙を面白く語りながら売り歩くのが読売とも絵草紙売とも呼ばれた人たち。『人倫訓蒙図彙』には世の中の変わった出来事、人の身の上の悪事を万人の迷惑を顧みないで小唄をつくり、浄瑠璃に節を付けて連節《つれぶし》で唄い歩き、これを売るとある。

瓦版●一大事が起きた時に新聞社が速報として出す号外のようなもので、火事や心中などを絵入りで記事にして売る。江戸の後期までは読売、絵草紙売と呼ばれた。

■一人は拍子をとるため扇を持ち、相棒は絵草紙を掲げる絵草紙売（人倫訓蒙図彙）

江戸の豆知識

机
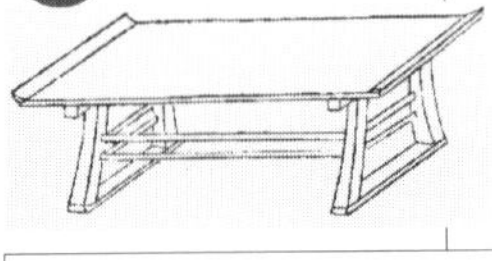

■学ぶ小僧。一日に一字学べば十日にはじゅうじになるぞ、習え小僧よとある。「じゅうじ」は十文字と住持、つまり住職を掛けている（鄙都言種）

画

●掛軸

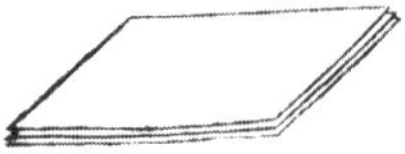

●色紙

紙
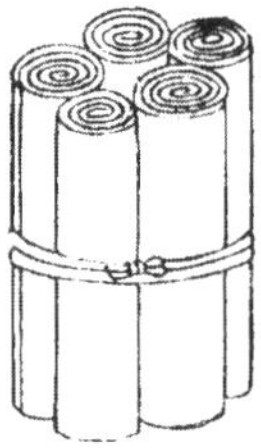

■色紙は絵や詩歌を書くもの。七夕には手習いをする子供たちが学習の成果を書いていたようだ。

●印

【知を育む江戸の文房具】

書画の専門家はもちろん、日々の商いを記録にとどめる商家の人びとに欠かせない文房具。庶民は手紙やときに離縁状《りえんじょう》などの公的文書も書いたろう。最低限に必要な筆と墨を備えた矢立《やたて》は携帯用の筆記具。当節の便利な電話同様これさえあれば充分ともいえるが、江戸時代の文具の世界は奥が深い。江戸の初期に出版された絵付き百科事典、『頭書増補訓蒙図彙《かしらがきぞうほきんもうずい》』に載る文房四宝《ぶんぼうしほう》の紙、筆、墨、硯を中心に、知の道具をご案内する。

本

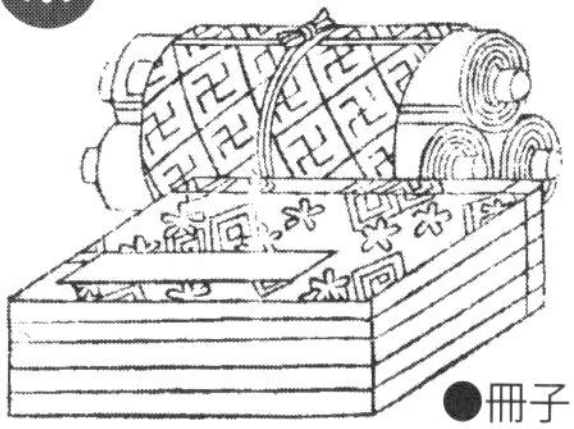

●巻子

●冊子

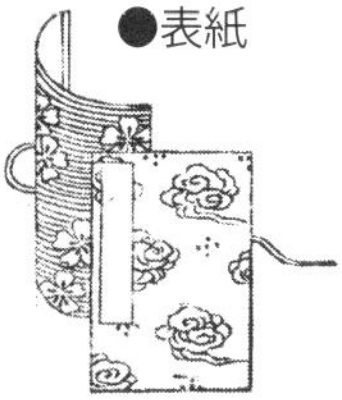

●表紙

●簿

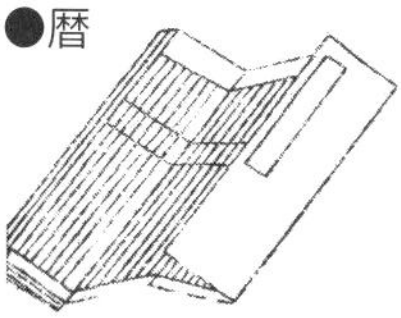

●暦

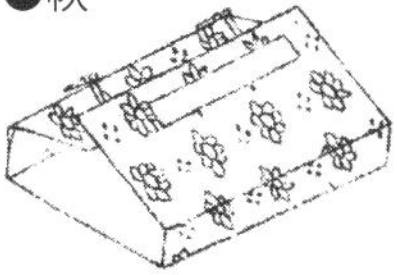

●帙

■巻子はお経や絵巻など、冊子は書かれたものを袋綴じにしてある。帙《ちつ》は本の傷みを防ぐ覆いで、簿は記録用の帳面、帳簿のこと。

硯

●水滴

●硯屏

●書鎮（文鎮）

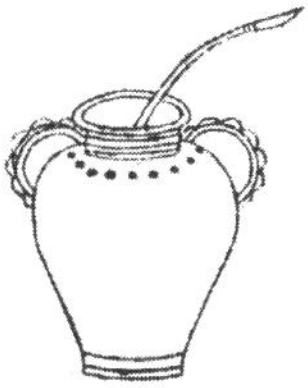

●水中丞

筆

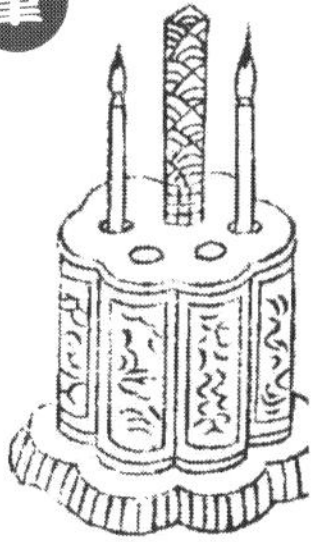

●筆架

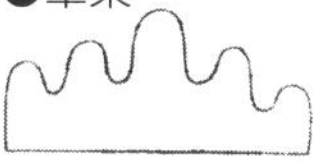

■筆架は筆置きで筆山、筆峯ともいう。水滴も水中丞《すいちゅうじょう》も硯に水を入れておく道具。硯の墨が乾くのを防ぐのが硯屏。

墨

■矢立。移動中の出来事を記録する携帯筆記具（商売往来絵字引）

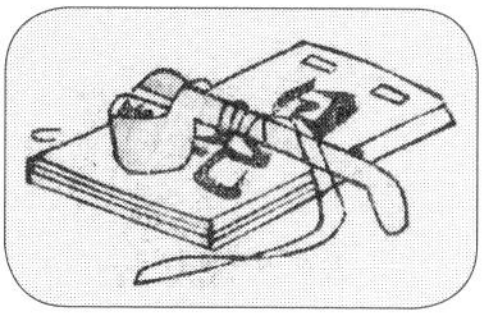

算

●算木

●算盤

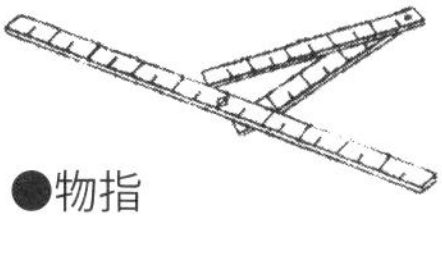

●物指

■算木、算盤は中国から伝来した計算の道具で、算盤は江戸時代に普及。商家に奉公する子供は早いうちから勘定を覚えていく。

＊図はすべて『頭書増補訓蒙図彙』所載。

第四章・遊び

子供の遊び、大人の遊び

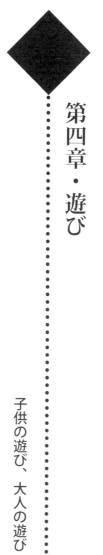

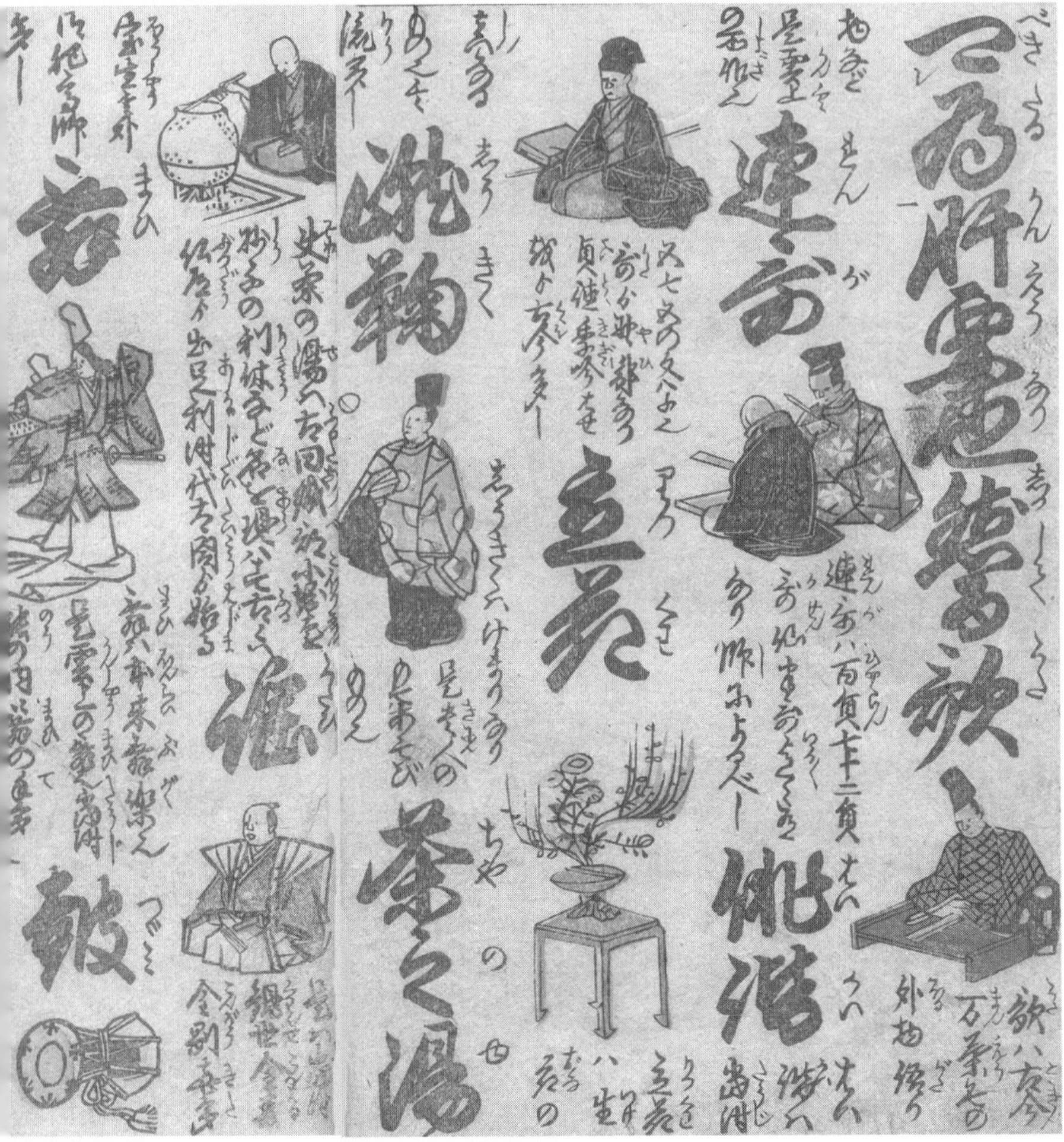

■手習い算術を覚えることは大切だが、遊芸や酒宴なども分相応にしなければならないとして、末尾に雅な遊びから囲碁将棋まで絵解きしている『商売往来絵字引』

遊戯

玩具 ◇歌留多師◇持遊細物屋◇弄物売り◇新粉細工◇羽子板屋◇笛売り◇水弾き売り◇海酸漿売り◇サボン売り

人形 ◇人形師◇衣装人形師◇雛師◇張子師

動物 ◇金魚売り◇談義坊売り◇小鳥屋◇虫売り

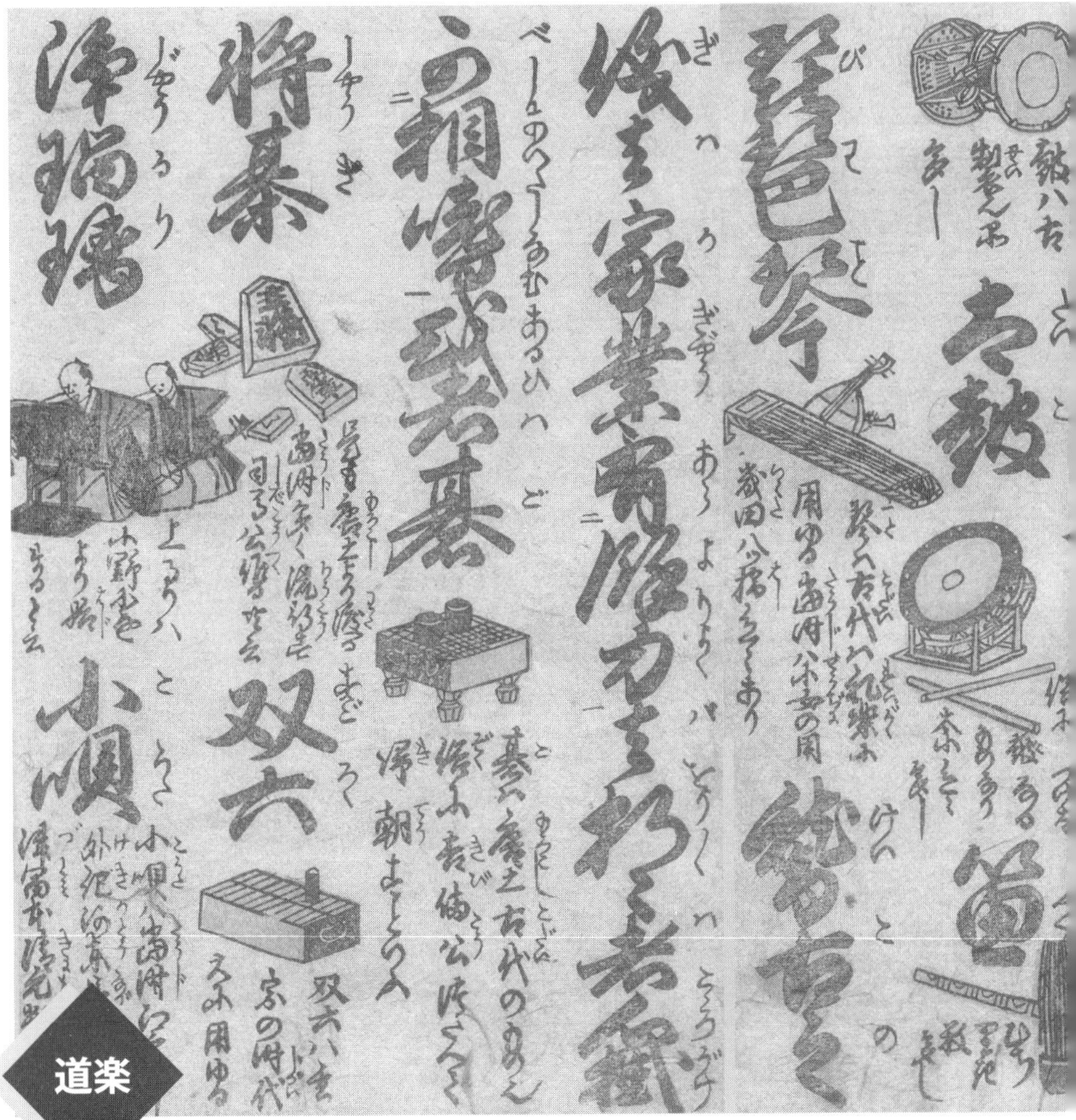

道楽

勝負　◇盤目造◇囲碁◇将棋◇双六◇賽師◇楊弓師◇楊弓場

音曲　◇三弦師◇三弦売り◇琴師◇音曲師匠◇太鼓売り

雅　◇香合◇香具屋◇茶の湯◇茶師◇挽茶屋◇茶杓師◇茶入袋師◇立花◇投入◇下草屋◇花屋

色里

廓　◇遊女屋◇牛太郎◇揚屋◇茶屋◇水茶屋◇置屋◇太鼓持ち◇芸者

遊女　◇傾城◇花魁◇太夫◇格子◇夜鷹◇舟饅頭◇宿場女郎◇野郎

遊び

頭も体も使って遊ぶ、江戸時代の子供の遊び、大人の遊び

■正月の風物詩、凧揚げと羽根つき（江戸大節用海内蔵）

「遊びをせんとや生まれけむ　戯れせんとや生まれけん
遊ぶ子どもの声聞けば　わが身さへこそ揺るがるれ」（『梁塵秘抄《りょうじんひしょう》』より）
古の流行歌、今様《いまよう》のひとつで、よく知られた歌である。浅学にしてその深意は解せないが、子供等の声を聞いて体が動いてしまうというのはよく分かる。叶わない作者の憧れ、なのだろうか。それはともかく、音の出るもの、触れて楽しいもの、動くもの、鳴くもの。目に手に耳にしてときめき、どきどきする。子供の遊戯は遊びの原点だろう。長閑《のどか》な幼少期を過ぎると、いつの世も生計《たつき》の道を歩まねばならないのが人の常。子供の遊びは江戸時代人の暮らしでは十歳かそこらで終わりを迎える。その後は農民は農耕に精を出し、職人は十年ばかりの年季を終えて一人前になり、仕事に精を出す。商人も同様だ。若い時は仕事に励み、隠居をしたら芸事をする。これが江戸時代の暮らし方。

●皆功成り名遂げた末の道楽　子供の遊戯に続いて大人の「道楽」を見ていく。道楽と一口にいっても男の甲斐性といわれる「飲む、打つ、買う」の三拍子ではなく、雅《みやび》な諸芸を中心に紹介する。商人を志す者が知っておくべき事柄を絵と説明の文章で紹介した『商売往来絵字引』という本がある。日々の商いに要

■歌舞をもっぱらとする平安時代の遊女、白拍子《しらびょうし》。今様も歌った（早引漫画）

る道具から米味噌醤油、織物の種類、動植物まで広範囲に絵解きしたあと、末尾に商人の心得を説く。家業の用を便ずるが第一とし、歌、連歌、俳諧、立花、蹴鞠、茶之湯、謡、舞、鼓、太鼓、笛、琵琶、琴、能、香道といった遊芸は家業に余力のある者が嗜むもので、本業が全う出来るまで慎むべしという。絵に描いたような道楽ぶりは古典落語にある『茶の湯』や『笠碁《かさご》』などから窺える。遊びに耽る主人公は皆功成り名遂げた末の楽隠居だ。

●芸は身を助ける　諸芸に親しむのはなにも隠居ばかりではない。道楽は嫁入り道具にもなった。将軍家や大名屋敷で流行るものを身につければ、そこに仕えたい娘たちの武器になる。ことに琴三弦の素養は必須。芸を極めて武家奉公が叶えば、やがては良縁にも恵まれるだろうと母親は娘をけしかけたようだ。

●「買う」の世界、色里　江戸期には幕府公認の廓《くるわ》があった。京坂ともに散在していた色町を一郭に統合し、移転を重ねた末に確立したのが京都島原、大坂新町。振興都市の江戸は日本橋に作られた吉原が極初期に郊外へ移転させられ、これが後の世まで続く。遊びの仕組や遊女の格付けなどは東西で異なるものの生業の本質は変わらない。お上の取締りの網を潜って営業する見世（店）や人びとがいたのも三都とも同じで、殿方に一時の夢を見させるのが商売。

遊びとはいうまでもなく年齢に関わりなく、それで暮らしの糧《かて》を得ようというものではない。日々の憂さを晴らし、心豊かにしてくれるのが遊びだろう。

遊戯

古くから「もてあそびもの」などといった玩具は、江戸期には「もちゃそび」、おを付けて「おもちゃ」と変化。時に大人も楽しむ子供の遊具を見ていく。

玩具

歌留多師

●かるたし

かるたは歌留多、骨牌とも書く。『守貞謾稿』には歌留多はオランダ人の遊び道具で、寛永の頃に長崎の人がこれを真似て遊ぶようになったとある。これは戦国時代にポルトガル人が伝えた天正かるたのことで、四種の紋様が各十二枚ずつ、一組四十八枚。この遊戯札をきっかけに江戸初期の歌かるた（百人一首）を始め、伊呂波《いろは》がるた、花がるた(花札)など、日本独自のかるたが生まれた。

■赤青の二色で彩り、一枚に描いてから裁断する。左の歌留多師は赤いところを塗っている（彩画職人部類）

■歌かるたを作る歌留多師は京都の寺町通二条、四十八枚の天正かるたは五条通に多いという（人倫訓蒙図彙）

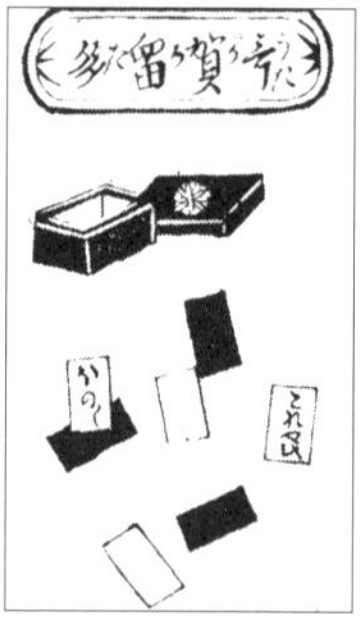

■蛤の貝殻の裏に歌と絵を描いた貝合せが元。貝が紙に替わったカード遊びが歌かるた（女用訓蒙図彙）

弄物売り

●もてあそびものうり

「弄物」の文字を当てる、もてあそびものは「おもちゃ」のこと。蝶々、風車、花簪など種々雑多な小物を売り歩くのが弄物売り。花簪などは竿の先に藁を束ねたものを付け、売物を差して歩く。名付けて弁慶。

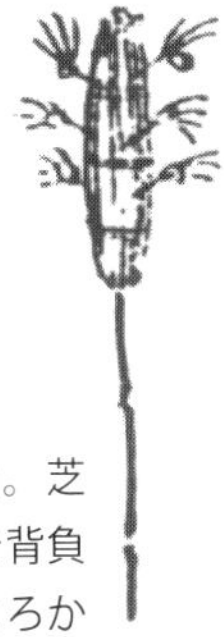

■簪を差した「弁慶」。芝居の弁慶が七つ道具を背負うものに似ているところからこう呼ばれる（守貞謾稿）

■店先で子供が人形を選んでいる持遊細物屋（人倫訓蒙図彙）

持遊細物屋

●もちあそびこまものや

持遊とは手に持って遊ぶ人形、でんでん太鼓、独楽のような玩具のこと。こうした子供の遊び道具はそれぞれに細工人がいて、紙や薄板などを使って自分の趣向で作り、店に持ってくる。

■起き上り小法師や軍配などの玩具を散らした持遊尽の文様（諸家地紋式）

水弾き売り

●みずはじきうり

水弾き、一般には水鉄砲という。風の強い日、火事がよそである時、盛んに売り歩く。路上を売り歩くこの商人は買い手が多いからか、商店が並ぶ所をよく回る。

■玩具というより火消のための水鉄砲を担いで売り歩く水弾き売り（守貞謾稿）

新粉細工

●しんこざいく

新粉細工は米の粉を蒸したものに色を付け、動物や草花の形を作って一、二寸角の板に貼り付ける。縁日に出て作りながら売る子供の玩具で、食べる子はいない。

■子供たちの注文に応じて作る新粉細工（守貞謾稿）

笛売り

●ふえうり

でんでん太鼓に竿の笛、音の出る玩具はいつの時代でも子供に人気だったようだ。図の笛売りは伊勢土産の竿の笛と呼子を売り歩き、原図には脇で子供が踊る姿がある。笛は他に江戸の今戸焼の鳩笛も名物。

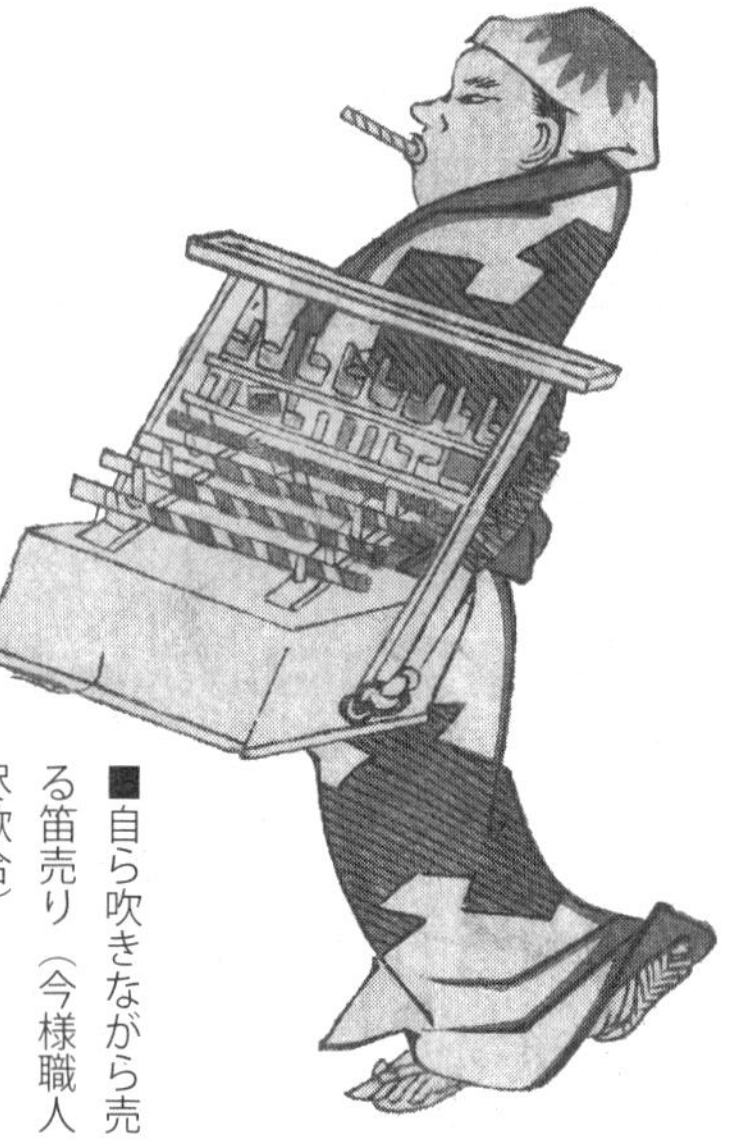

■自ら吹きながら売る笛売り（今様職人尽歌合）

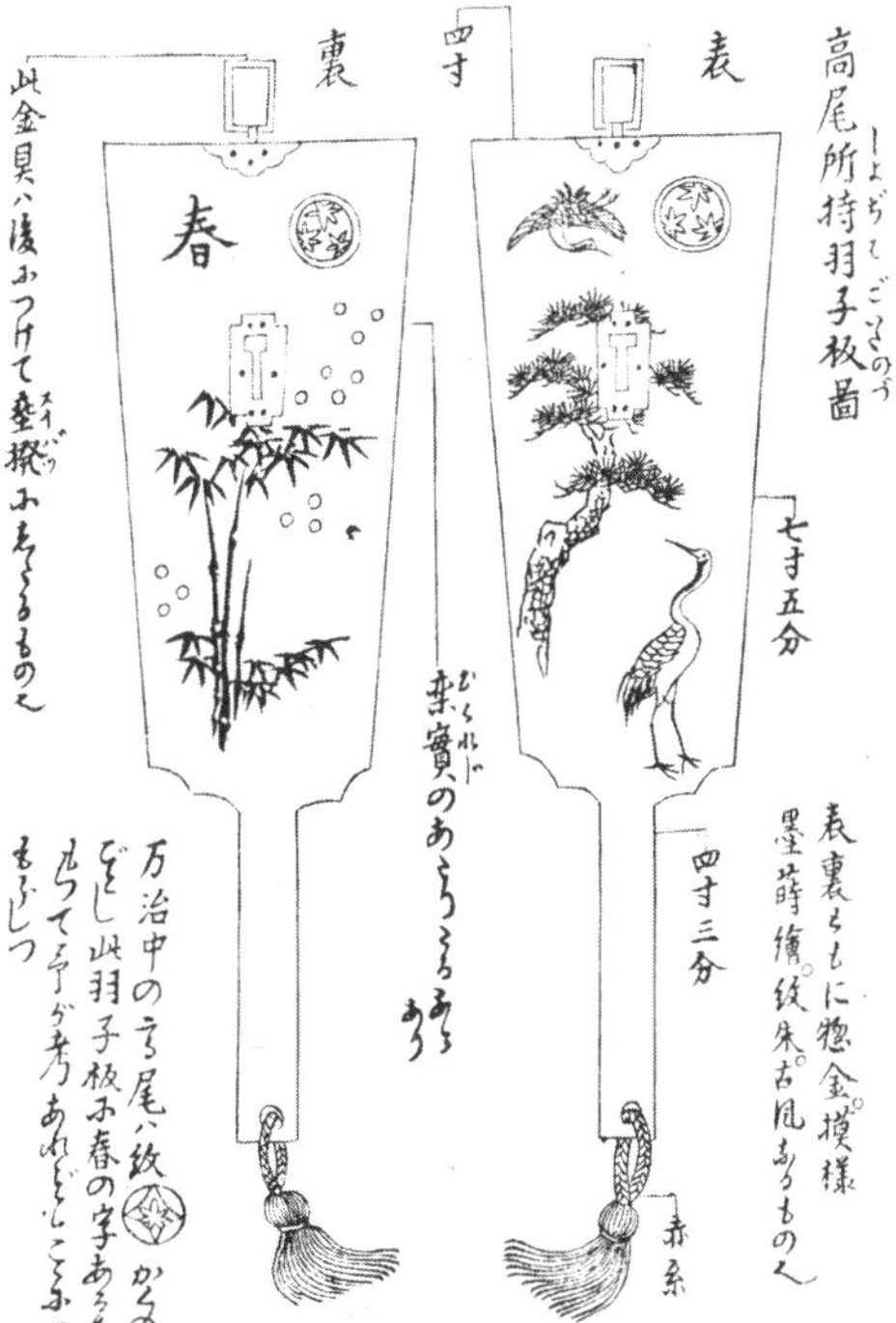

■吉原伝説の高尾大夫所持の羽子板（近世奇跡考巻）

■羽子板屋。棚の上に羽子板と一緒に置いてあるのは玩具の「ぶりぶり」（人倫訓蒙図彙）

羽子板屋

●ほごいたや

『人倫訓蒙図彙』には羽子板ばかりでなく、ぶりぶりぎちょう、太鼓、造花、菖蒲刀など童男、童女のもてあそびを作るとある。羽子板は紙に描いた役者絵などを桐の板に貼っていたが、江戸の後期になると京坂江戸ともに押絵羽子板が主流。

玩具

ぶりぶり●車が付いた木槌に似た八角形の玩具。子供は車を引いて遊ぶ。ぶりぶりぎちょうともいう。

■正月の風物詩、羽根つき（女遊学操鑑）

■右は京坂、中央は江戸のサボン売り。左は海酸漿売り（守貞謾稿）

海酸漿売り

●うみほおずきうり

海酸漿は海中の岩などに生える藻の類で、これも子供の玩具。特に女の子がこれで遊ぶ。白もあれば蘇芳紅《すおうべに》で染めた赤いのもある。植物の鬼灯《ほおずき》と同じようにこれを口に含み、空気を入れたり出したりして鳴らして遊ぶ。

サボン売り

●さぼんうり

三都とも夏場に売り歩く商売で、大坂では氏神様の祭礼の日に子供向けに売りに来る。サボンは石鹸のこと。この粉を水に溶かし、細い管をつけて吹くとシャボン玉ができる。京坂の売り声は「吹き玉やサボン玉吹けば五色の玉が出る」などという。江戸では「たまやたまや」。

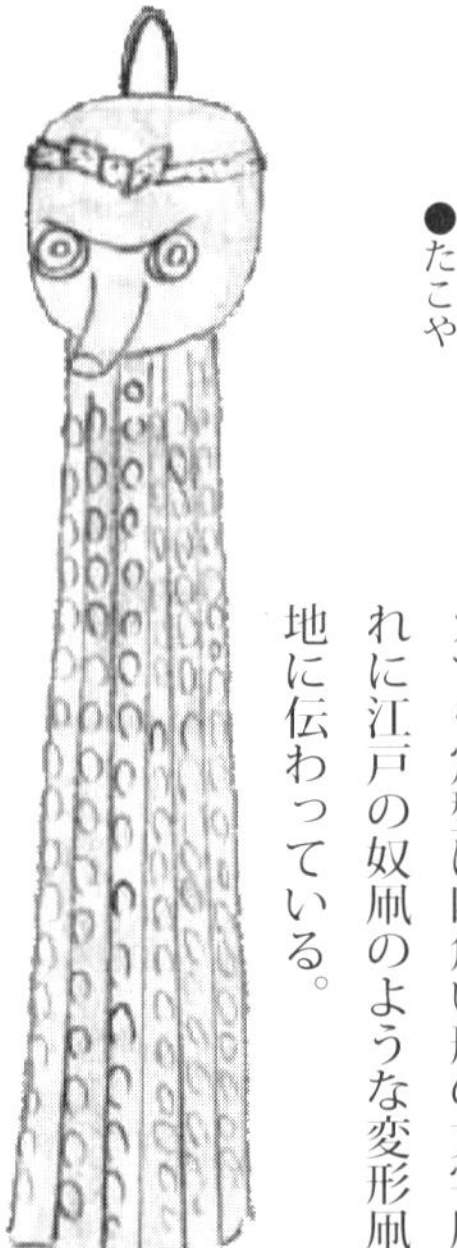

■冬場だけ出す江戸の凧屋の看板。足は大男の身丈ほどの長さに作る（守貞謾稿）

凧屋

●たこや

『守貞謾稿』によれば江戸では凧と呼び、京坂ではいかのぼり、下を略していかというとある。タコでもイカでも定型は四角い形の文字凧。これに江戸の奴凧のような変形凧が各地に伝わっている。

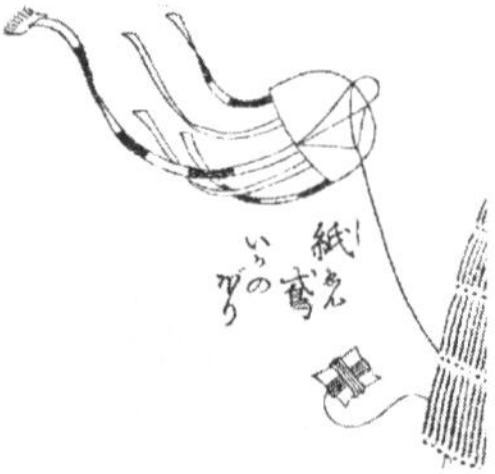

■紙鳶（いかのぼり）（頭書増補訓蒙図彙）

人形

■頭を作る人形師
（今様職人尽歌合）

■「武者人形で金儲けする」人形屋
（宝船桂帆柱）

人形師

●にんぎょうし

人形と名の付くものは素材や作りによって様々ある。『人倫訓蒙図彙』には「人形師は諸々の人形を作る。小を芥子人形という。また操人形、指人形、張抜人形を作る人もいる」とある。芥子人形は芥子粒に喩えた小さな豆人形、張抜人形は張子。

■役者顔負けの芝居をする、ぜんまいで動く絡繰《からくり》人形。左は口上を述べる興行主（はなし）

衣装人形師

●いしょうにんぎょうし

衣装人形師は『人倫訓蒙図彙』に諸々の織物で絵を切抜いて作るとある。部分部分に違った布を使って切絵のように仕上げる平面の作り物。「押絵」ともいい、羽子板や雛人形にもなった。

■衣装人形師（人倫訓蒙図彙）

張子師

●はりこし

犬張子や香合などの張子を作る。犬張子について『貞丈雑記』によれば、宮廷で翠簾《すいれん》や門の開いた状態の時、狛犬を風の予防に使うのは重しの役目だけではなく、邪気を払うためだとある。犬張子も同じことで、子供が生まれるとすぐにその傍らに置いて子供に悪いものが来ないように守らせるともある。

■張子師（人倫訓蒙図彙）

■子供の成長を願う犬張子（女用訓蒙図彙）

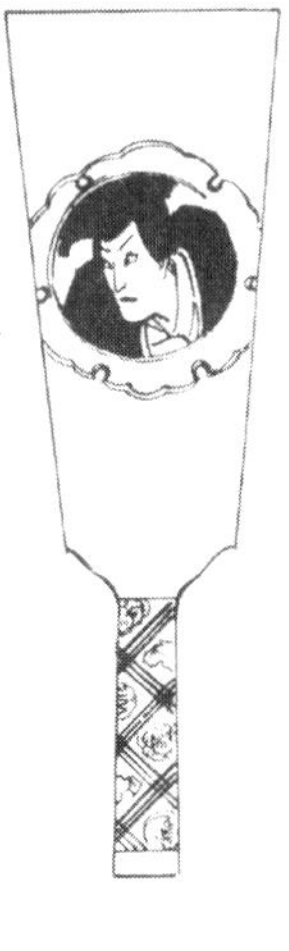

■八代目團十郎の人気にあやかった押絵羽子板（守貞謾稿）

押絵●中に綿を仕込んであり、立体感がある。今に伝わるのは江戸初期から始まった手法で、浅草浅草寺の羽子板市に出る物も江戸からの技。

■人形や雛道具も売る日本橋の十軒店雛市。二月末から市が立った（江戸名所図会）

■内裏雛を作る雛師（人倫訓蒙図彙）

雛師

●ひなし

絵雛、装束雛を作る。また頭を作って雛屋に売ると雛屋が色々に仕立てて商うと『人倫訓蒙図彙』にある。装束雛は高い身分の男女が正装した姿の雛人形で、江戸中期の享保雛は装束雛の典型。

■屏風や三方、駕籠まである雛道具（女用訓蒙図彙）

雛市●二月二十五日から三月四、五日頃まで、江戸は十軒店や麹町などの普段は雛店でない所を雛人形を扱う人が借りて売る。大通りには道の中央に仮店舗を二列に作って売る。京都は四条通り、大坂は御堂筋で市が立つ。

動物

■江戸の金魚売り。京坂では桶の上に柳行李を置いて旅人が売っているように見せる（今様職人尽歌合）

金魚売り

●きんぎょうり

金魚売りは「金魚や金魚〜」の呼声で町内を売り歩く夏の商売。尾が大きく、腹が丸く、泳ぐ時は首をいつも下にしている蘭蟲《らんちゅう》。その形が鞠《まる》に似ているからだろう、江戸ではこれをまるっ子と呼び、高いのは三、五両もすると『守貞謾稿』にある。極狭長屋なら一年分の家賃が一両の時代にである。

■暑さを忘れ金魚と遊ぶ（江戸大節用海内蔵）

談義坊売り

●だんぎぼううり

細かな雑魚を桶に入れ「だんぎぼう」の売声で担い歩いて売る。都の大人も子供も求めて、水鉢や泉水に放ってなぐさみとすると『人倫訓蒙図彙』にある。談義坊とはメダカのこと。

■談義坊売り（人倫訓蒙図彙）

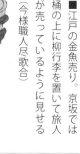

虫売り

●むしうり

虫売りは夜鷹蕎麦に似た屋台を道に置いて売るが、蕎麦屋のようには売り歩かず一所で商う。屋台の軒には細工の細かい虫籠を下げている。蛍が一番の売り物だが、他に蟋蟀《こおろぎ》、松虫、鈴虫、轡虫《くつわむし》、玉虫、蜩《ひぐらし》など、声を観賞する虫を売る。

小鳥屋

●ことりや

色々な飼鳥を売っている店。鶯、鶉などの鳴く鳥も売り、鳴き方を覚えさせることもすると『人倫訓蒙図彙』にある。飼鳥は愛玩用に飼う鳥のことで、人の口真似が出来る鸚鵡は人気の飼鳥。

■屋台の虫売り（今様職人尽歌合）

■小鳥屋（人倫訓蒙図彙）

■羽色の綺麗な音呼《いんこ》。下は雀（頭書増補訓蒙図彙）

道楽

商家の心得に家業が第一、なお余力のある者が遊芸を嗜むべしというのがある。道を楽しむと書いて道楽。囲碁将棋を始め、大人の遊びに携わる生業をご案内。

勝負

■古は僧侶と貴族の遊びだった囲碁は賭も盛んに行われた（頭書増補訓蒙図彙）

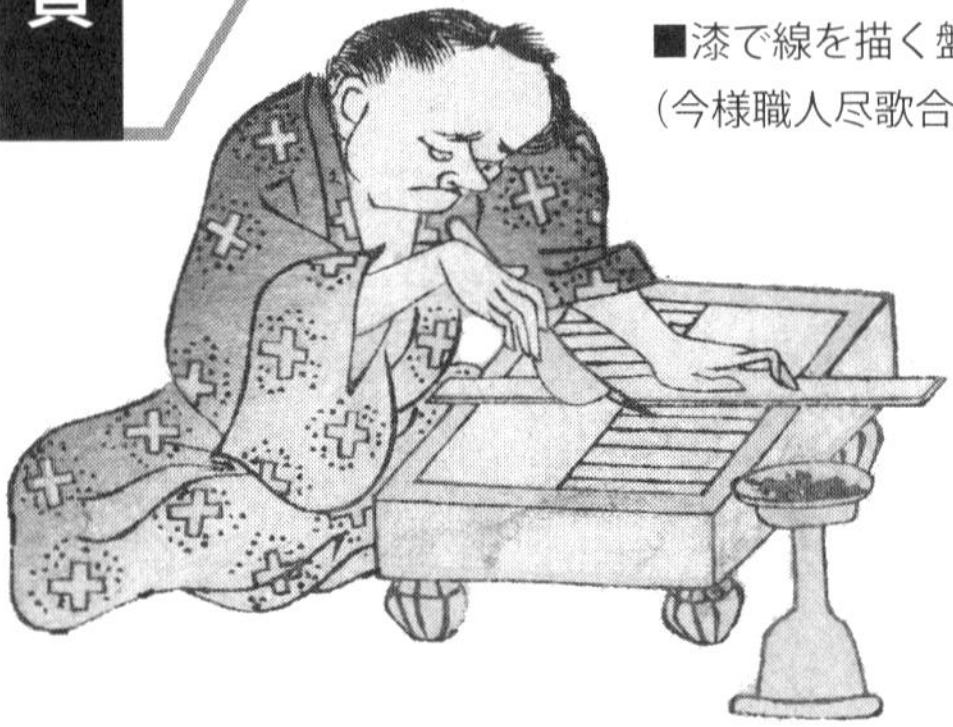

■漆で線を描く盤目造（今様職人尽歌合）

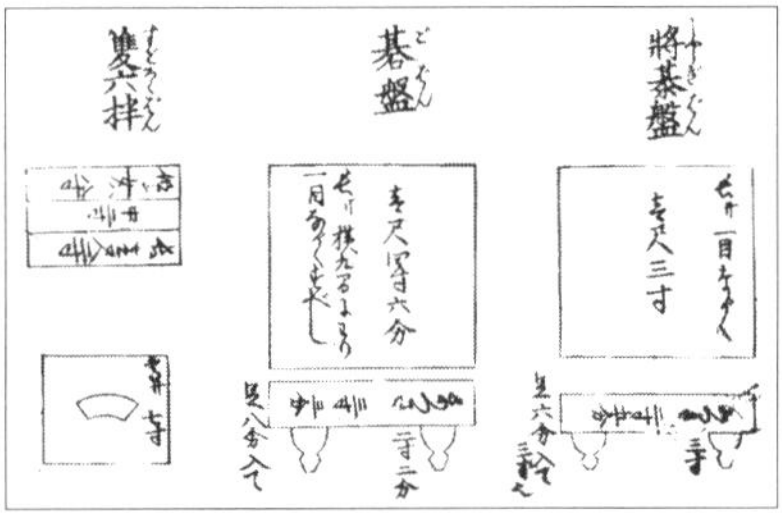

■将棋盤、碁盤、双六拌の寸法を示したもの（大工雛形）

盤目造

●ばんめづくり

碁の盤上には縦横各十九本の線で仕切られた三百六十一の目がある。へらに漆をつけて、等間隔にこの線を引くのが盤目造。図の職人は予め領域を四等分した上で定規を当て、漆を盛っている。

囲碁

●いご

『人倫訓蒙図彙』によれば周公旦の作だとあり、日本に渡来したのは吉備真備が帰朝時に持って帰ったとしている。また当世（元禄の頃）の碁所は寂光寺内の本因坊だともある。碁所は幕府御抱え碁打衆の長。

■碁は唐土のもので吉備公（吉備真備）が伝え、将棋は司馬公がつくったともいう、としている（商売往来絵字引）

将棋

●しょうぎ

戦国時代から武将たちに愛された将棋は、江戸時代も囲碁とともに武家の遊戯の筆頭格。名人を世襲した家元の大橋、伊藤の両家は幕府から俸禄を得ている御抱えの家柄で、年に一度御前対局の「御城将棋」を務めている。

賽師

●さいし

賽師は双六の賽を作り、所々に住すと『人倫訓蒙図彙』にある。双六には大人が遊ぶ盤双六と子供用の絵双六とがある。盤双六は賽二つを振って駒を進め、敵陣に攻め込む遊戯で奈良時代からあり、江戸期には廃れたようだ。絵双六は道中双六を始め、趣向を凝らしたものが大いに流行った。

■賽師（人倫訓蒙図彙）

■江戸の初期に流行った盤双六と賽。賽は骰子とも書く（頭書増補訓蒙図彙）

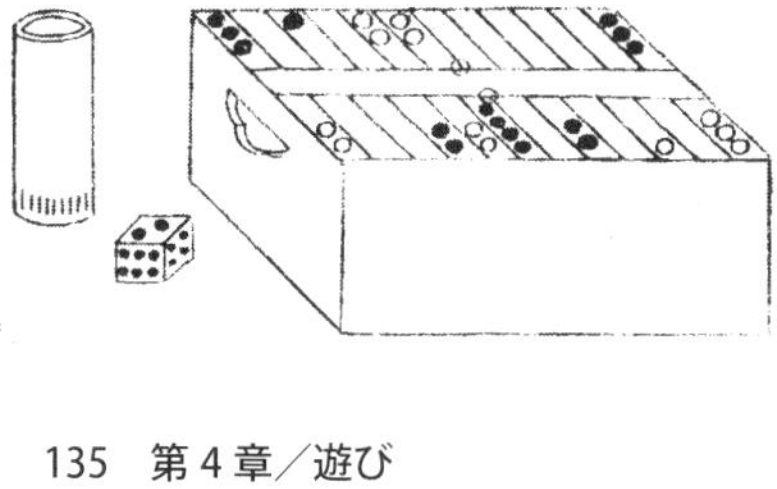

勝負

楊弓師

●ようきゅうし

楊弓は人を射るのではなく、遊びのための小振りな弓。玄宗帝の御代に始まり、楊貴妃が好んだという。枝垂れないどころか天に聳える楊《やなぎ》で作る。江戸期には篠竹を使う雀小弓という、やはり小さな子供用も作られた。

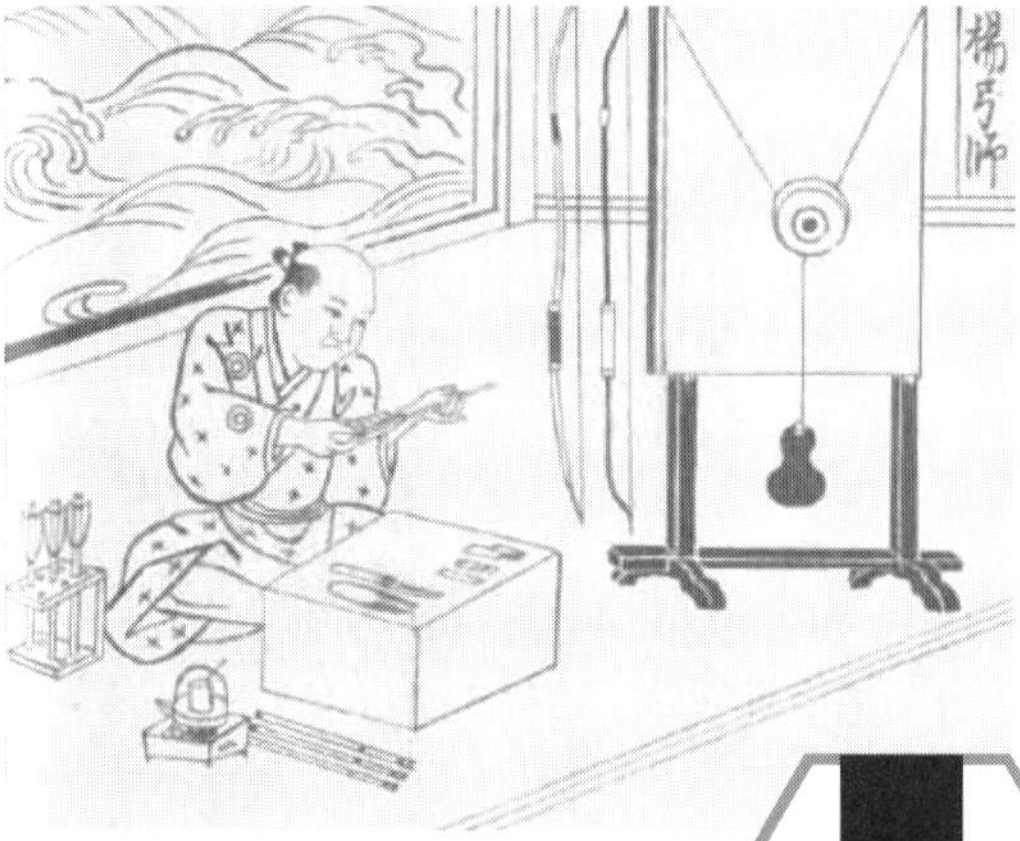

■楊弓師。矢が専門の楊弓矢師もいた（人倫訓蒙図彙）

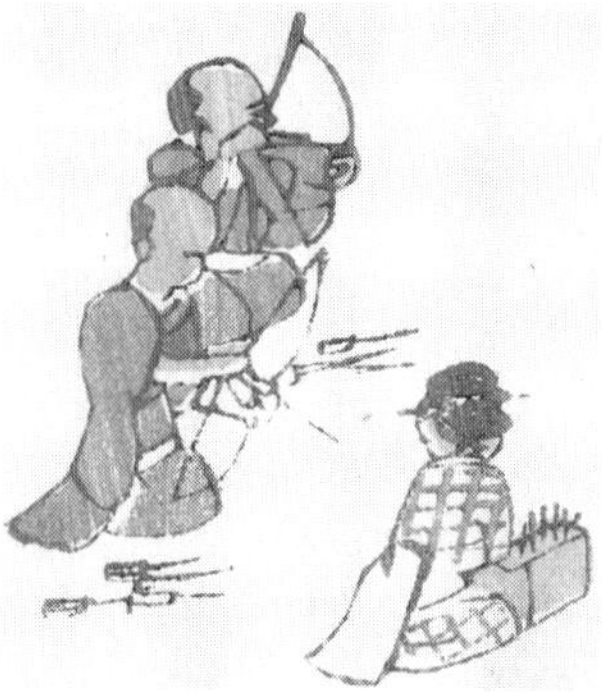

■殿方の遊び場、楊弓場（諸職人物画譜）

楊弓場

●ようきゅうば

京坂では楊弓場、江戸では矢場といった。楊弓には結改《けっかい》という二人一組で行う競技があり、矢は一回に二百本。こうした本式とは別に盛り場で流行ったのは、十本ほど射て的に当たれば景品を出す遊び場。矢を拾う名目で雇われた若い娘が目当ての客が多かったようだ。

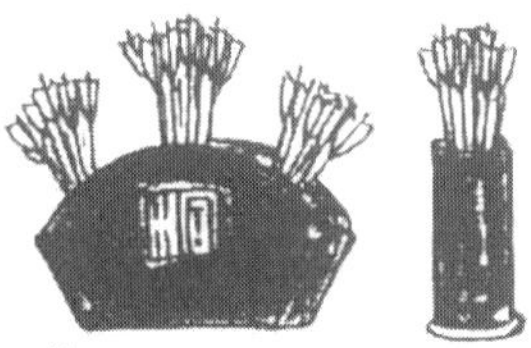

■右は京坂、左は江戸の楊弓場で使われた矢（守貞謾稿）

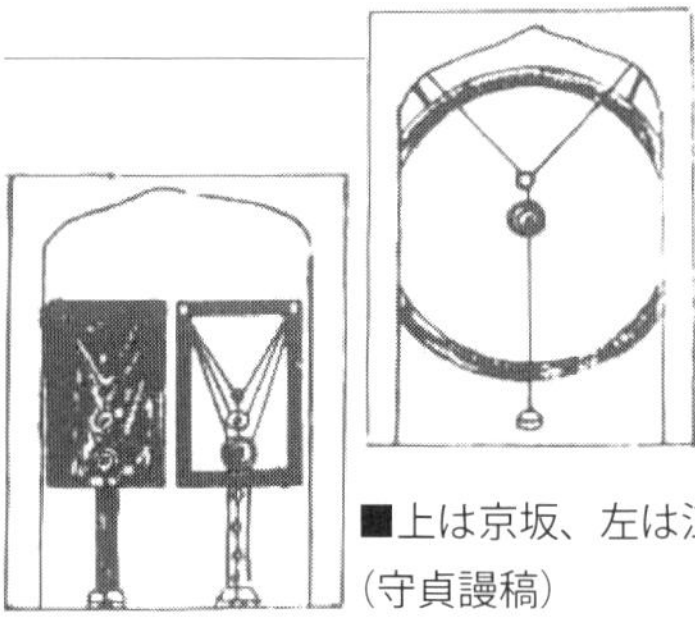

■上は京坂、左は江戸の的（守貞謾稿）

音曲

三弦師

●さんげんし

源流を遡れば元の時代の中国にあるともいう三弦。『頭書増補訓蒙図彙』によれば、もともとは琉球国の楽器で、江戸中期には諸国どこの土地でも、この三絃をもてあそぶことが流行っているとある。胴の表裏に貼る皮を蛇から猫、犬に替えて作られたのが日本式の三味線。

■棹の出来を確かめる三弦師（今様職人尽歌合）

三弦売り

●さんげんうり

三弦数個を渋紙貼りの籠に入れて背負い、一個は手に持ってかき鳴らしながら売り歩く。古いものを下取りして新品を売る商売。下取りに出す三弦がなくても新品、中古品ともに売る。

■右の女性は三弦、左はやや小振りな胡弓《こきゅう》を弓で弾いている（頭書増補訓蒙図彙）

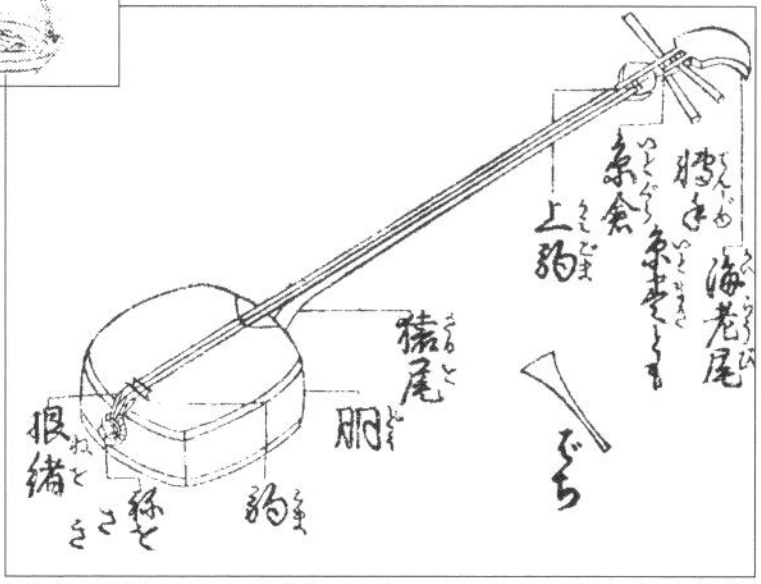

■三味線。戦国時代に琉球に渡った琵琶法師が当地の楽器を体験し、京に帰って作ったのが三味線だという（女遊学操鑑）

琴師
●ことし

『人倫訓蒙図彙』には琴は伏羲という中国の神話上の王が創ったもので、弦は二十五弦、大は五十弦もあって「瑟」といい、今世にもてあそぶ十三弦の琴の調は筑紫琴というとある。この十三弦が今一般に琴と呼ぶ「箏」。

■琵琶、琴、三味線を作る琴師（人倫訓蒙図彙）

音曲師匠
●おんぎょくししょう

弟子を取って三味線や長唄、浄瑠璃などを手ほどきするのが音曲師匠。落語には粋な師匠に目が眩んで弟子になる男衆がでてくるが、女子の習い事としても盛んだったようだ。『守貞謾稿』には江戸も中頃からある風習で、七、八歳になると親が師匠を選んで通わせ、一芸を習熟させ、これで武家奉公に上げるとある。

■三味線の稽古をつける師匠（神事行燈）

音曲

■琴師。「今玩ぶ十三絃を箏という」の件で箏の文字にソウノコトと読みを添えている。ちなみに中国の七弦琴はキンノコト。平安期には箏と琴は実態に合わせて呼び方を変えていた（彩画職人部類））

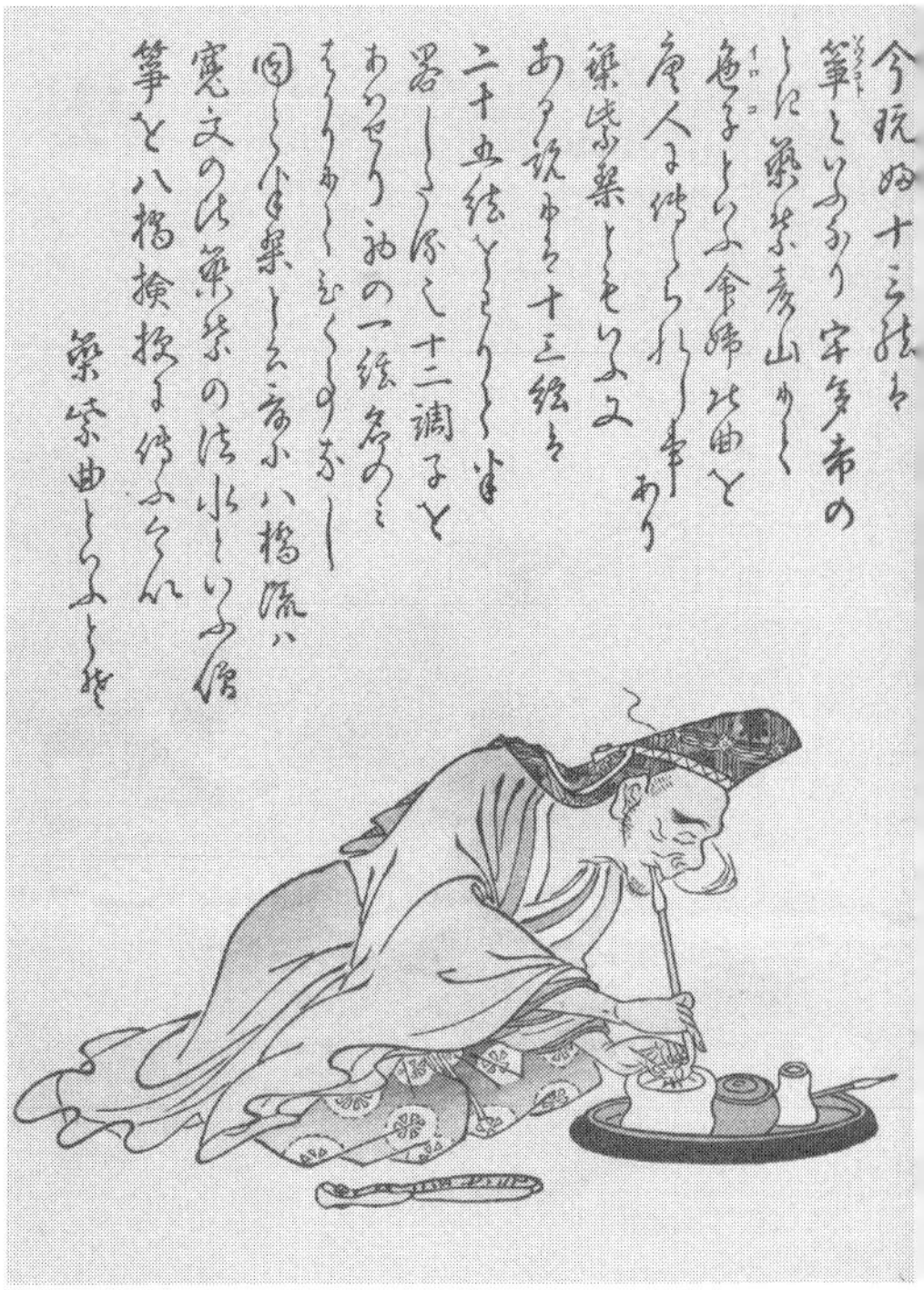

■琴三弦の素養を身につけ、武家奉公を目指す娘たちもいたようだ（頭書増補訓蒙図彙）

■売物を叩きながら売る太鼓売り（今様職人尽歌合）

太鼓売り

●たいこうり

太鼓は釈迦が存命中に始まったのだと『人倫訓蒙図彙』にある。その頃時を示すために太鼓を打ったのだという。戦国の世には兵を動かす陣太鼓もあり、いずれも楽器というより告知の道具。右図は祭太鼓を売る太鼓売り。

香

■よく香を嗅く智人を「香嗅」という（人倫訓蒙図彙）

■香を聞く姿。膝元には香包と香盆が置かれている（頭書増補訓蒙図彙）

香合

●こうあわせ

香は清浄潔白の徳があって穢れを避けるところから神前や仏前に焚くと『頭書増補訓蒙図彙』にある。庶民に馴染みの香は線香だが、貴い方々は古くから道を楽しむ「道楽」のひとつ。香合は二手に分かれて香の種類を聞き分けたり、優劣を競う遊戯。

香具屋

●こうぐや

香具師と書いて「やし」といえば盛り場を仕切る的屋の類だが、これは元々薬種や香具を売ったところからの名。香具屋は伽羅、沈香、白檀、丁子といった香の材料を売る。朝鮮人参や熊の胆などを扱う薬種商が兼ねることも多い。

■肌に良いのだろうか、美艶仙女香なるものを看板にしている香具屋（宝船桂帆柱）

茶

茶の湯

●ちゃのゆ

『人倫訓蒙図彙』によれば茶の湯は昔からあるが、茶亭を数寄と呼び、路地入り、草木の植え方、料理に至るまで方式を定めたのは千利休をもって中興とし、古田織部、小堀遠江《とおとうみ》（遠州）など様々な流派がある。人との交わり、行儀を知るひとつの方法で、益のある楽しみだとある。

■奢りを取り除いて、敬恭をもととするのを本意としているという茶の湯（頭書増補訓蒙図彙）

■「立前の図形」と題した手前の様子（茶湯早指南）

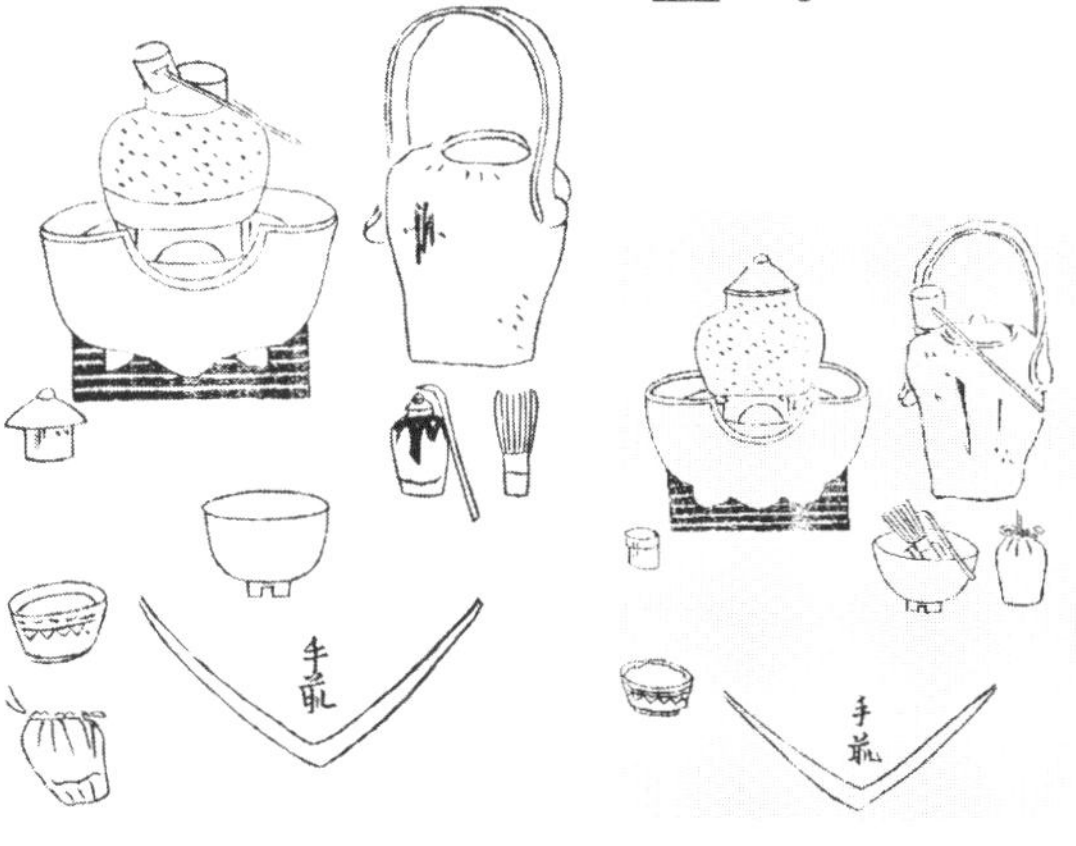

■茶道具の揃え。手前を始めるには下図のように整える（茶湯早指南）

後鳥羽院の時代に京建仁寺の開山栄西和尚が渡唐の時、茶の種を唐土から持ち帰り、筑前国背振山に植えたのが製茶の始まり。その種が山城の宇治と栂尾に植えられたが、栂尾には茶は絶えて、宇治の茶は大変盛んになっている。室町時代から続く宇治茶師の上林家は幕府、朝廷の御用を務めた茶師。

茶師

●ちゃし

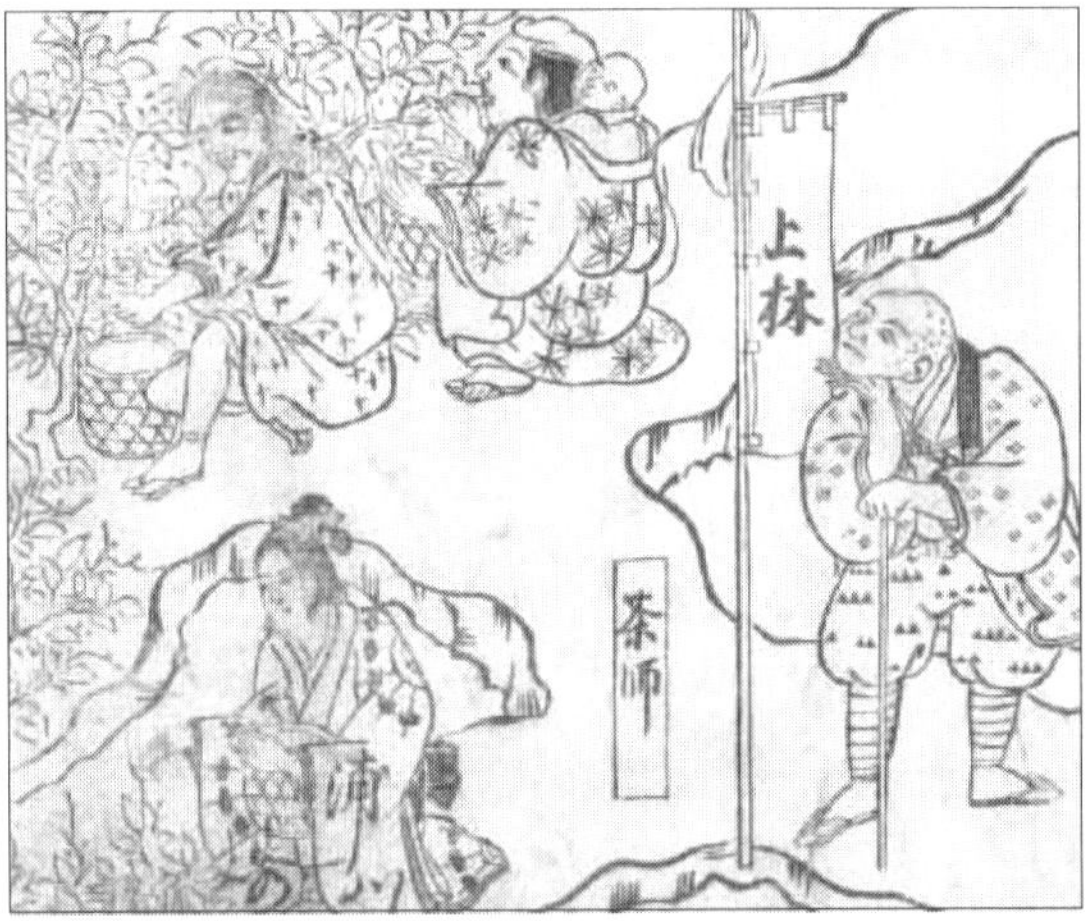

■旧暦四月に行う茶摘み。幟に見える「上林」は茶師の上林家のこと（人倫訓蒙図彙）

挽茶屋

●ひきちゃや

挽茶は茶の湯に用いる抹茶のことで、蒸して乾燥させた茶葉を茶臼で挽いて粉にしたものを商うのが挽茶屋。葉茶そのものは葉茶屋で売られた。ちなみに湯で煎じる煎茶は、江戸時代の中期までは煮出すもので、急須で淹れるやり方は八代将軍吉宗の頃から始まったといわれる。

■臼で茶を挽く挽茶屋（人倫訓蒙図彙）

茶

茶杓師

●ちゃしゃくし

茶杓は抹茶をすくう茶匙のこと。『人倫訓蒙図彙』には堺の甫竹、利休の流れという京寺町の一齊が名人だとある。『嬉遊笑覧』には誰それ作といっても自作ではなく、ことに高貴な人は良い職人を召抱えて、自らは銘を記すまで、いっさいは小堀殿（小堀遠州）の茶杓削りだとある。

■茶杓と茶筅（茶湯早指南）

■竹を削り、炙って先を撓める茶杓師（人倫訓蒙図彙）

茶入袋師

●ちゃいれぶくろし

茶の湯で使う抹茶を入れる器が茶入、その茶入用の袋を金襴、緞子などの名物裂で作るのが茶入袋師。茶壺を入れる網をすく網師でもある。網は色々の糸で下図にあるような亀甲形に編む。

■「三器」と呼ばれる茶入、茶入袋、茶杓（茶湯早指南）

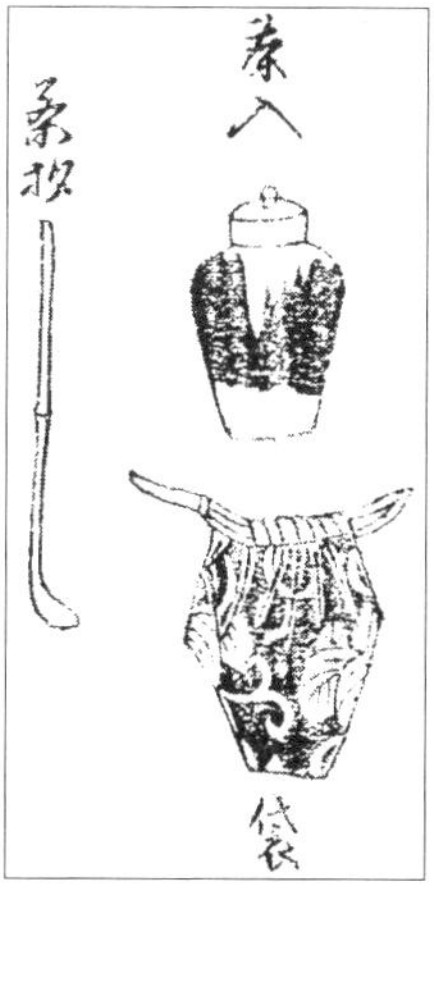

■茶入を前にして客の注文を聞く茶入袋師（人倫訓蒙図彙）

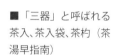

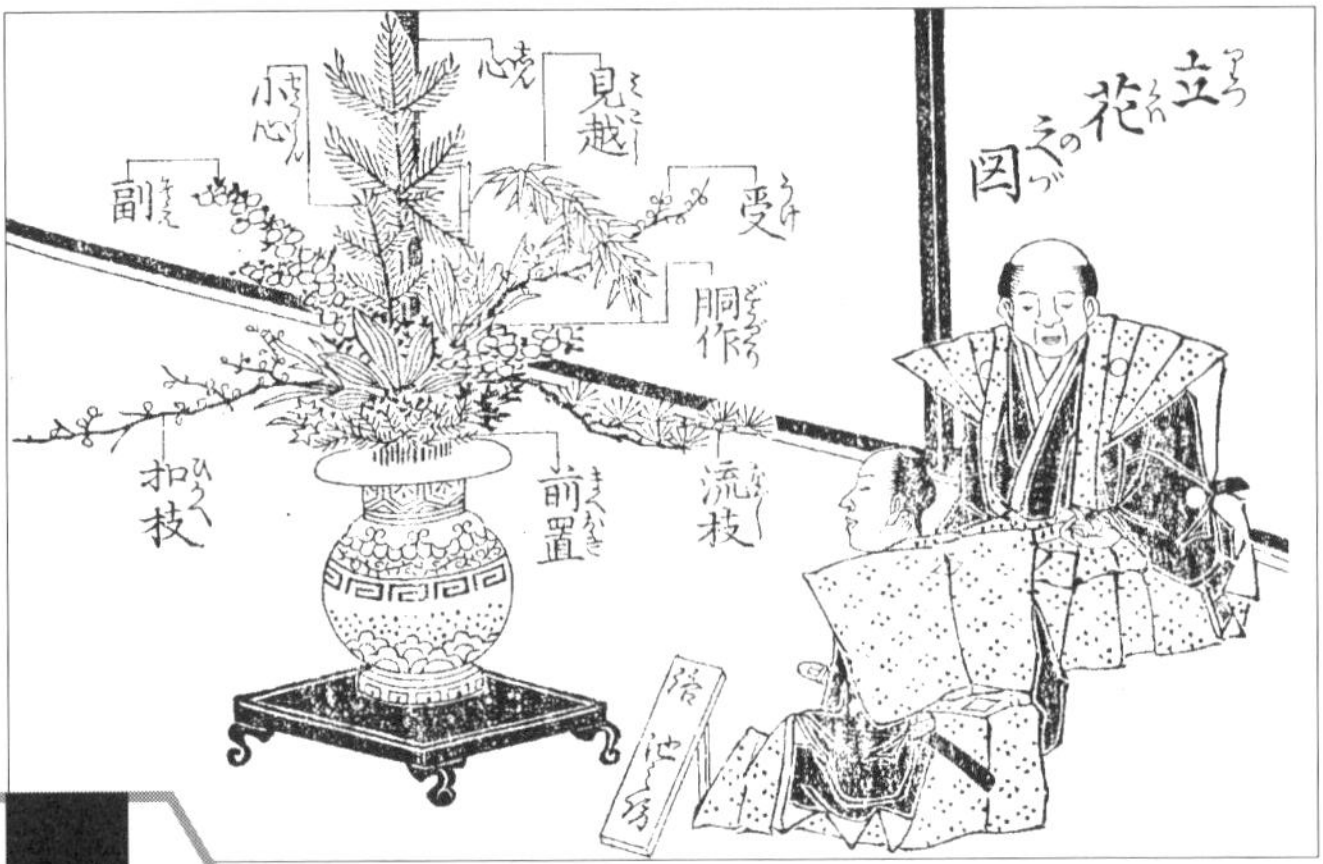

■立花の図。立花は中心に据える「心」を始め、形の基本になる役割を持つ枝が定まっていて、各々名が付いている（永代節用無尽蔵）

花

立花

●りっか

立花は色々な約束事に則って花を立てることで、元禄期に隆盛を極める。『頭書増補訓蒙図彙』には頂法寺六角堂の別当池坊が宗匠。毎年七月七日に門弟が集まり二星《おりひめひこぼし》に立花を手向けるが、これを京都中の人達が見物に押しかけるとある。投入《なげいれ》を教える所が方々にあり、花の会が多いともいう。『嬉遊笑覧』は花を瓶にさす事は仏事のみに非ずとして『枕草子』の一節を引いている。おもしろく咲きたる桜を長く折りて、大きなる瓶に挿したるこそをかしけれ。草花を愛でるとは本来こうした振舞いかもしれない。

■竹筒に活けた芍薬（女遊学操鑑）

投入●枝を流すように生けるといった意味。形式にとらわれず自然のままに楽しもうということで江戸期には町民の間にも流行った。

■花器の色々。竹筒様の寸胴切や二重切などは茶湯者に好まれる形（永代節用無尽蔵）

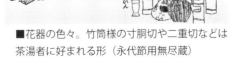

下草屋
●したくさや

『人倫訓蒙図彙』によれば、立花のための草木を売る所で、立花を習っている人物がいる家や教えている家に十五日おきに売るのだという。立花は中央に立てる「心《しん》」を中心に七つ道具と呼ぶ役枝を配するが、下草は心に添えるものをいう。右頁の図は江戸後期の『永代節用無尽蔵《えいたいせつようむじんぞう》』所載で、道具は九つに増えている。

花屋
●はなや

手桶に切花を入れて商う花屋。店売りばかりでなく振売りの花屋もいたが、いずれも主に仏に供える花を売り、生花にする花は少なかったようだ。『守貞謾稿』によると、三都とも親鸞宗の信者は仏前に高い花を供えるという。

■立花に使う草木を売る下草屋（人倫訓蒙図彙）

■切花を売る花売り（今様職人尽歌合）

■添えた狂歌には「菊の花屋」とある（宝船桂帆柱）

色里

江戸時代には幕府公認の色町が三都ともにあったが、茶屋一つ取っても京坂と江戸では役割が異なる。遊び方は三都三様だが、どこも一時の夢を売る商売。

遊女屋

●ゆうじょや

傾城屋《けいせいや》、青楼《せいろう》、女郎屋など、呼び名は色々あるが遊女を抱えて客を遊ばせるのが遊女屋。お上の許しを得た三都の廓は江戸吉原、京島原、大坂新町。店や遊女の格、遊ばせ方は京坂と江戸では異なるものの、店の亭主は、あまた抱えおいた女子をそれぞれに一人前にすることだったようだ。

■家康が江戸城入りをした記念日の八朔（八月一日）に吉原の遊女は皆白袷を着て客を迎える。八朔は五節供を始めたくさんある紋日の一つで、この日遊女は必ず客をとらねばならなかった（江戸名所図会）

■京では久津輪（轡）と呼ばれた遊女屋の亭主（人倫訓蒙図彙）

廓

■付け馬になる牛太郎
（川柳江戸吉原図絵）

牛太郎●ぎゅうたろう

中程度以下の遊女屋には店の前に牛太郎と呼ばれる客引きがいて、長居をする冷やかしを追い払ったり、うまくまとめて客にする。勘定が出来ない客に連れがいれば一人が人質として、金の工面が出来るまで行灯部屋で待機するし、一人客には牛太郎が金策に同行する。この取立て役が「付け馬」。

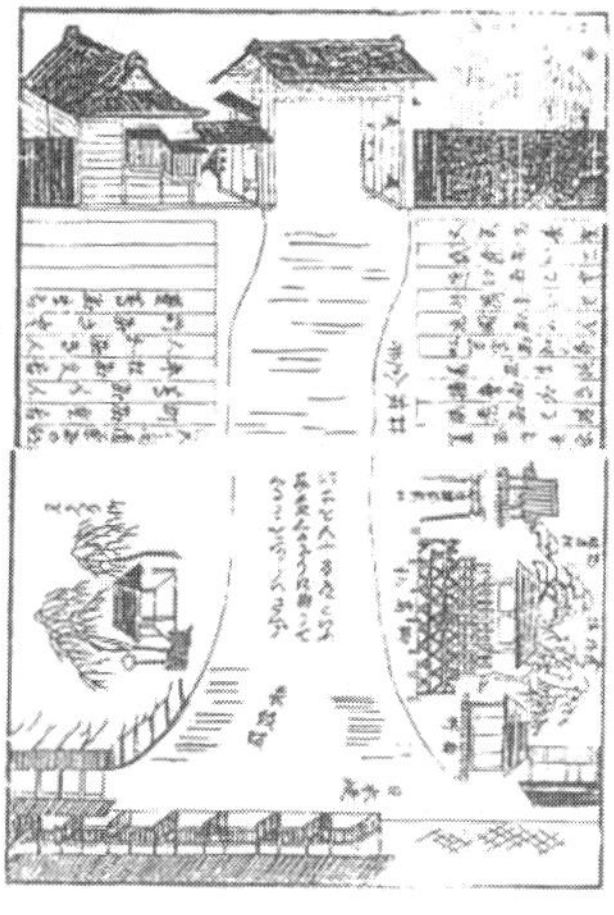

■慶応元年発行「吉原細見」に載る吉原大門界隈の図

吉原細見●吉原で遊ぶ手引書。冒頭に太夫はいくらで座敷持ちはいくら、その印は二つ山形などと解説があり、一年中の紋日が書かれている。次から地図になっていて、大門から見世（店）の名が並び置いている遊女の品と名が示してある。

■供を引き連れて揚屋入りをする吉原の高尾太夫。太夫は遊女最高位の格で、抱える遊女屋は少なく、遊ぶ客も武家や大商人に限られた（近世奇跡考）

廓

揚屋 ●あげや

揚屋には娼妓を置かず、客が来ると太夫を遊女屋から迎えてもてなすことを商売にしている。遊びの場を提供するだけであり、遊女は夜具から化粧道具まで供に運ばせて揚屋へ入る。客の求めがあれば幇間や芸子も迎えるが、格の低い遊女は呼べない。

■京坂では明治まで続いた揚屋（人倫訓蒙図彙）

京坂と江戸の揚屋●吉原の黎明期に太夫を揚屋に呼んで遊んだ上客は主に大名や旗本。五代将軍綱吉、八代吉宗の時に贅沢を禁じる政策から、武家に遊里への出入り禁止令が出る。豪勢な揚屋も破格な遊女、太夫も絶えてなくなり、揚屋町の名だけが残ったのだが、京島原、大坂新町の廓には幕末まで存続。

茶屋
●ちゃや

京坂の茶屋には最上級の太夫を迎えることはできず、一段落ちる天神以下の遊女を揚げて遊ぶ。別名天神茶屋。一方江戸吉原の茶屋は妓楼と客の仲介役といったところで、茶屋では双枕は許さず、客は芸者を揚げ、酒宴をする。遊女も茶屋まで送り迎えはするし、宴席にも出る。

■京島原の茶屋（人倫訓蒙図彙）

水茶屋
●みずちゃや

茶屋は茶屋でも水茶屋は茶を飲んで一休みするところ。江戸は浅草寺境内、湯島天神、神田明神の社頭他たくさんあり、どこも看板娘がいて客を呼んだ。京都は四条河原、祇園社頭、清水寺など。四条縄手の店では芝居見物の客に桟敷の手配をする芝居茶屋を兼ねる店もあった。

■祇園縄手の水茶屋。芝居見物の前に茶を喫し、煙草を呑んで一服する（人倫訓蒙図彙）

置屋
●おきや

遊女、芸子を抱え養い、揚屋、茶屋などから迎えが来るとそこへ出かけさせ、家では客を迎えない所のことをいう。主に京坂で使われた遊女屋の別称。

■揚屋に着いた花魁道中（人倫訓蒙図彙）

■歌舞音曲で酒宴を賑やかにする幇間（狂言画譜）

■江戸の芸者。気風の良さで知られる深川の辰巳《たつみ》芸者は黒紋付の羽織を着る「羽織芸者」（狂歌倭人物初編）

幇間

●ほうかん

表芸の音曲で宴の座を盛り上げるのが幇間。京坂では太鼓持ち、芸者、やっこなどという。江戸は男芸者といい、吉原や非官許の岡場所《おかばしょ》双方にあって芸を売る。諸浄瑠璃を語り、なかには一流の人もいて何々太夫と呼ばれる人も多い。京坂で芸者とだけいえば幇間を指し、江戸でいう女芸者は芸子という。

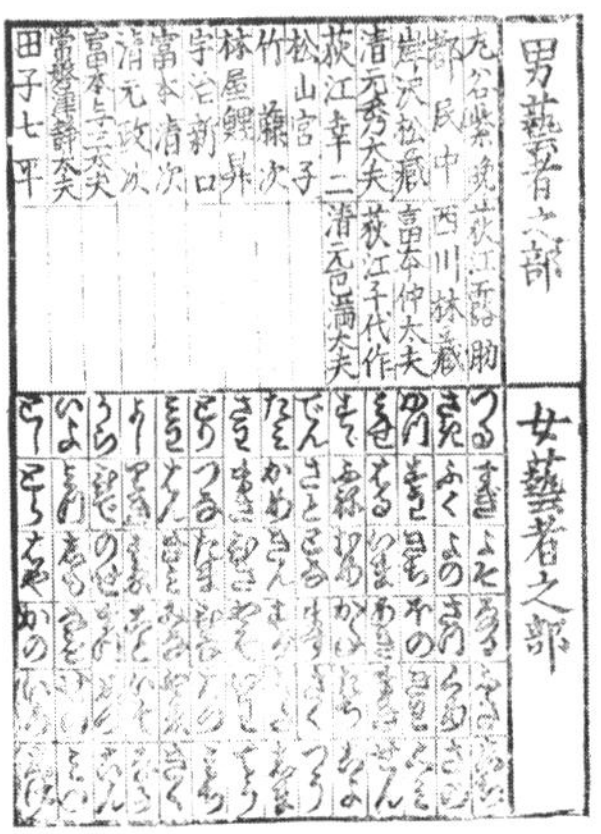

■男芸者の部には常磐津、清元の太夫等が名を連ねる（弘化二年吉原細見）

芸者

●げいしゃ

江戸で芸者といえばだいたいは女芸者のことを指し、京坂では芸子という。『守貞謾稿』によれば三味線を弾いて興を添える妓で、昔は女芸者はいなかったとある。京坂江戸いずれも遊女が弾かなくなった江戸中期の享保から宝暦頃に誕生したという。

傾城

●けいせい

芝居の外題で見かける「傾城」は、江戸時代には絶世の美女の意味を込めて遊女をいう言葉。三都とも幕府公認の廓の娼妓を傾城というが、もぐりの岡場所の女たちは遊女とはいっても傾城とは呼ばないと『守貞謾稿』にはある。また『人倫訓蒙図彙』には、務めは十年が普通で身上《みあが》りすれば、その揚銭が親方への借金と積もり、年季明けには返せねばならず、世に苦しき業だと記している。

■浮世又兵衛とも呼ばれた岩佐又兵衛が平安後期の遊女を描いた「江口君《えぐちのきみ》図」。図は山東京伝が写したもので、着物や帯の紋は金泥、銀泥と注釈がある（近世奇跡考）

遊女

■髪に笄を挿した花魁。道中の際はさらに飾り櫛と簪も加え豪華にする（狂言画譜）

■吉原遊女の下駄。黒漆塗で高さは五寸五分から八寸まで六通りあり、遊女の格で差がある（守貞謾稿）

身上り●身上りは自ら揚代を払って休むことをいい、払えなければそれが借金となる。

花魁

●おいらん

禿《かむろ》や妹分の遊女が、自分が仕える太夫を指して「おらが太夫子」といったのが、下が略されて「おらが、おらが」。その後「おらが」が訛って「花魁、花魁」というようになったという。『守貞謾稿』によれば、本来上妓を花魁と通称するが、幕末には客もその他の人も吉原の凡妓に至るまですべて花魁という。これは大関にならない相撲取りを関取と呼び、戸主でなくとも下の者が旦那と呼ぶのと同じことと呆れている。

■江戸後期の人情本に載る花魁。花を生けるのも嗜みの一つ（人情腹之巻）

花魁道中●道中とは旅のことだが、花魁の道中は遊女屋から馴染みの客が待つ揚屋や茶屋までの道程を行列を仕立ててゆっくり優雅に練り歩く。供は妹分や見習い身分の禿、荷物持ちの男衆などで大名行列さながらの風景。

■花魁と呼ばれた幕末の吉原の遊女、手前は修業中の禿（守貞謾稿）

■美しいばかりでなく、皆諸芸に秀でた太夫。茶の湯、立花に書、俳諧まで心得、なかには名のある師の門人になるものもいたという（頭書弁解倡売往来）

太夫 ●たゆう

太夫は京大坂江戸の三都の遊廓で最高位の遊女をいい、格であって自称はない。咄家が前座を振り出しに二つ目、真打と昇るように抱え主から見込まれたものは禿から格子を経て太夫になる。幼さを残した禿は太夫の振舞いを実見しながら諸々覚えていく。吉原には高尾の名跡を持つ太夫が幾人も出たが、江戸中期に太夫は絶えた。

■初代高尾太夫。高尾は代々吉原京町一丁目、三浦屋四郎左衛門お抱えの名妓（萬物雛形画譜）

格子 ●こうし

格子は太夫の次の位の遊女。大格子の内に部屋に構えるところからの名で、京島原の二番手は「天神」という。天神は天神様（菅原道真）の縁日に掛けて当初二十五匁《もんめ》が遊び代だったからという。

■通りに面した大格子の内に控える「格子」（絵本庭訓往来）

遊女

夜鷹

●よたか

色を売る最下層の遊女が夜鷹。京坂では惣嫁《そうか》という。『守貞謾稿』には江戸の夜鷹は本所吉田町や両国橋東、永代橋西辺りから大勢出る。各所に昼は取り除ける小屋を夜になると組み立て、敷戸を開いておいて莚で塞ぐようにして戸口に立って客を呼ぶとある。抱え主などという気の利いた者はいないが、遊女数人に一人、揉め事の仲裁や客引きをする男がいた。

■江戸の夜鷹。左は小腹を満たすのに重宝した夜鷹蕎麦（狂言画譜）

舟饅頭

●ふなまんじゅう

隅田川の泊り船を回って房事を行った下層の遊女。大坂にも「ぴんしょ」という似たような女たちがいて、木津川などの河口に小舟で近づき、停泊中の船乗り相手に色を売った。ぴんしょは「ぴん娼」の訛で、米一升で情を売るのでこう呼ばれるのだろうと『守貞謾稿』にある。

■夜鷹などよりも着ているものも化粧も良く、昼間見ても恥ずかしくない様子をしていたという舟饅頭（今様職人尽歌合）

宿場女郎
●しゅくばじょろう

宿場女郎は街道筋の宿場で旅籠《はたご》に奉公する娼妓。江戸から各街道への起点となる「四宿《ししゅく》」にもいて、特に品川は吉原に引けを取らない人気があったが幕府公認ではなく、旅人の世話をする給仕の女という体で黙認されている。別名が飯盛女《めしもりおんな》。東海道で官許の女郎屋があるのは駿府の弥勒町だけで、ほかはすべて飯盛女。

■江戸から近いせいもあって保養をかねて遊びにいく人が多かった、東海道五十三次品川宿（歌川広重）

■役者修行中の野郎。遊女屋が女を抱えるように狂言役者を抱えて芸を仕込み、芝居へ出すが、その前は陰間という（人倫訓蒙図彙）

■享保中（1716～36）の野郎（守貞謾稿）

野郎
●やろう

野郎とは男色渡世の者。京坂では若衆、江戸では陰間《かげま》ともいう。抱える家も人も禁令の余波で少なくなったが、日本橋葭町、湯島、芝神明は幕末も生き残ったと『守貞謾稿』にある。芝は増上寺、湯島は寛永寺に近く、主な客は僧侶。

四宿●江戸時代の主要な陸路、五街道は日本橋が起点となるが、各街道への出入口にあたる四つの宿駅が四宿。東海道の品川宿、中山道板橋宿、甲州道中内藤新宿、日光道中と奥州道中が千住宿。

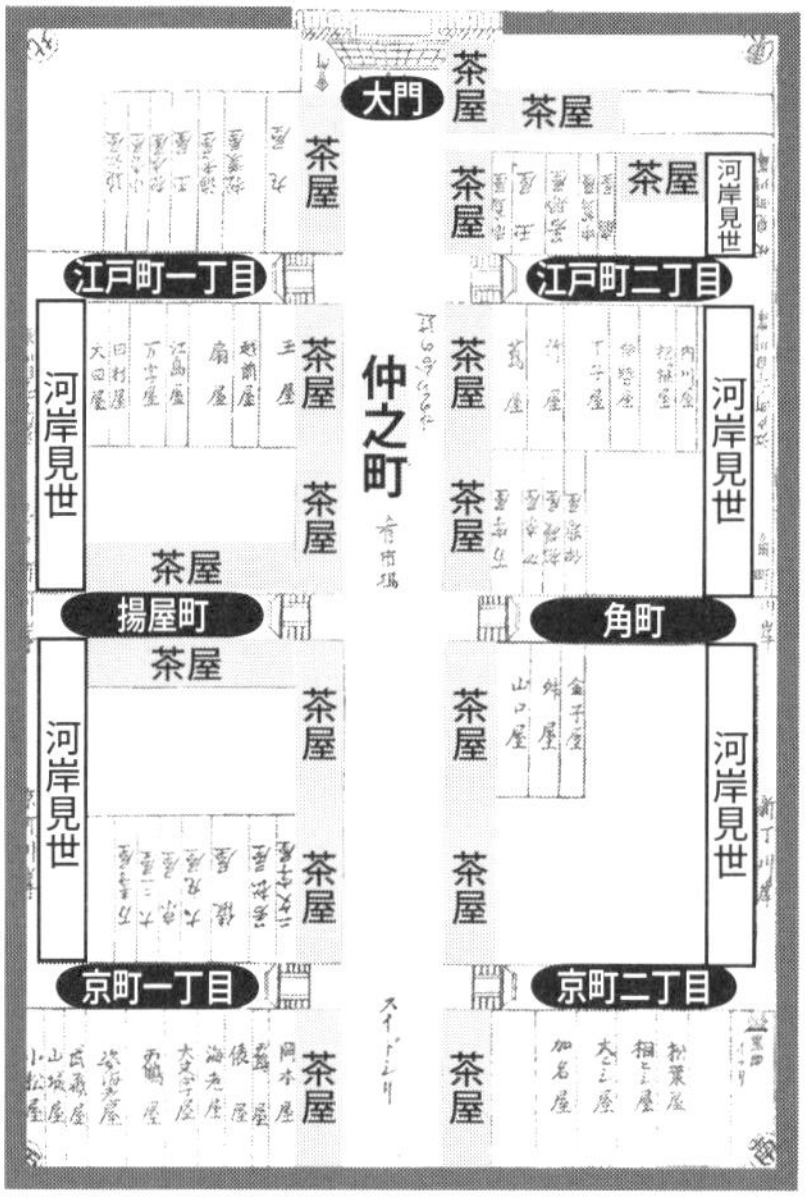

■吉原の大門。門を潜ると右手に往来を見張る会所があり、大通りの両端には茶屋が軒を連ねる（人情腹之巻）

【吉原は天下御免の夢の町】

お城から四里四方は江戸の内といわれるが、広い意味での江戸は「四宿《ししゅく》」の内側にあたる。ここにも色町はあったが正式なものではなく、天下堂々の廓は吉原。

明暦《めいれき》の大火（一六五七年）の翌年、日本橋から浅草寺裏手の田んぼに移転して、元の敷地より五割増しの一画を賜り（広さは東京ドームの倍）、幕府公認の遊女町として栄えた。遊女の数三千人、一日に千両の商いがあったという御府内最大の遊び場、吉原は四方を堀がめぐり、日常の営みとは切り離された別世界で出入口は大門《おおもん》一つ。大門を潜ると華やかな遊廓が広がる。大通りには客に遊女屋を仲介する引手茶屋《ひきてちゃや》が道の両側に並び、茶屋の間の横丁を入ればそこが遊女屋。

●江戸中期天明頃の吉原の様子。周囲はお歯黒溝ともいわれた大溝（堀）が囲み、出入りは大門一カ所。中央の仲之町には茶屋が並び、その後ろが見世。夜具持参で揚屋で客を取る制度がなくなり、揚屋町に妓楼はなくなった。溝際の河岸見世は上等とはいえない女郎が待機（川柳江戸吉原絵図）

■大門まで行けるが駕籠は料金が高額（絵本江戸みやげ）

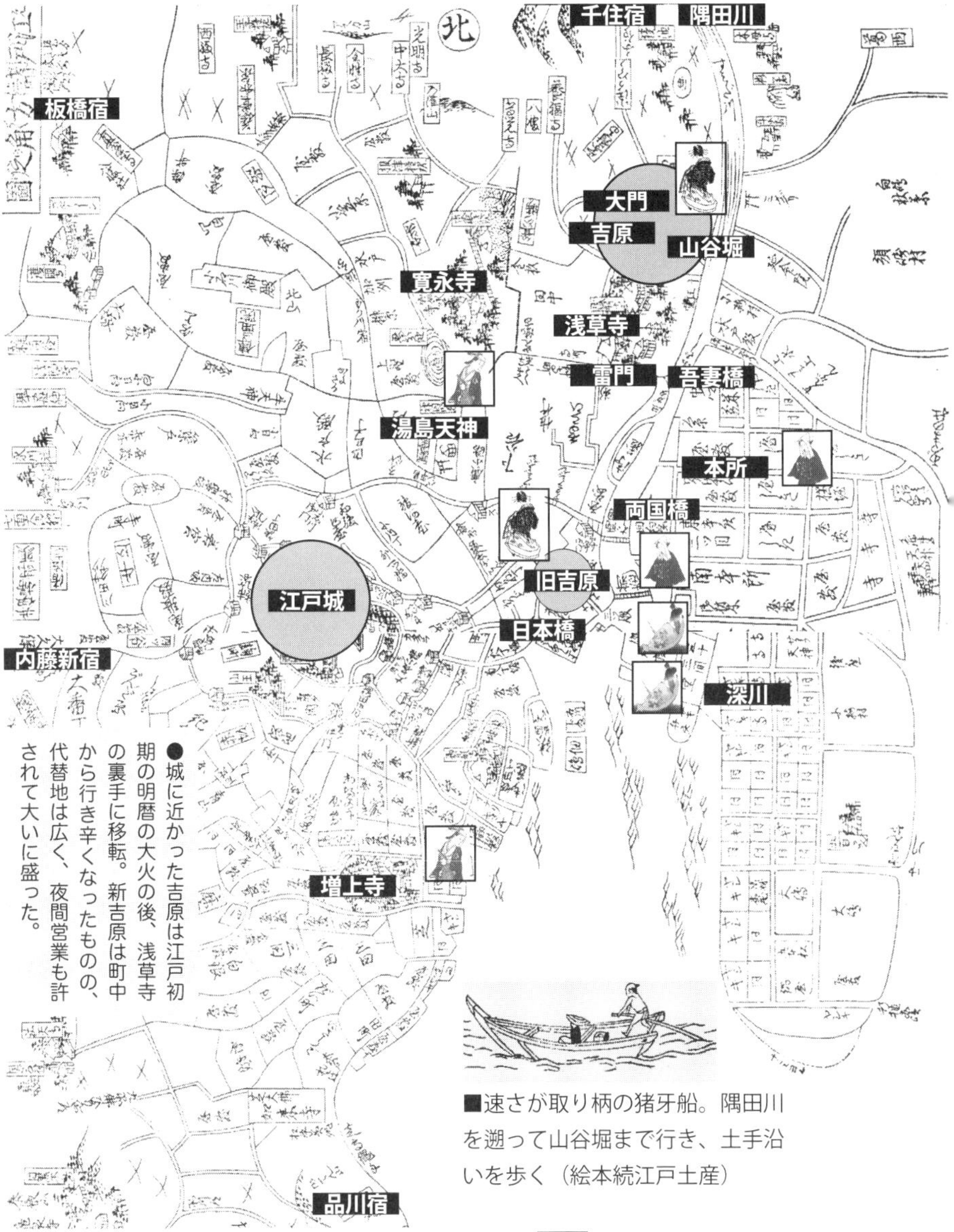

●城に近かった吉原は江戸初期の明暦の大火の後、浅草寺の裏手に移転。新吉原は町中から行き辛くなったものの、代替地は広く、夜間営業も許されて大いに盛った。

■速さが取り柄の猪牙船。隅田川を遡って山谷堀まで行き、土手沿いを歩く（絵本続江戸土産）

■江戸諸方角之図。北は千住宿、板橋宿、西の内藤新宿、南の品川宿、東は本所深川まで、御府内の範囲を描いた図（永代節用無尽蔵）

＊左から花魁、夜鷹、舟饅頭、野郎

第五章・芸能

興行と大道芸

興行

能狂言
◇俳優◇能役者◇狂言師◇地謡◇囃子方◇四拍子◇面打

芝居
◇芝居役者◇作者◇木戸番◇床山◇髪師◇芝居茶屋◇人形芝居◇浄瑠璃太夫◇人形遣

話芸
◇講釈師◇太平記読◇咄家

相撲
◇相撲取り

■江戸歌舞伎の根元、市川團十郎。図は二代目團十郎、中村座の『萬民大福帳』（歌舞妓年代記）

大道芸

■往来で芸を見せる「居合抜」と「神道者」（今様職人尽歌合）

曲芸
◇放下師◇口上商人◇居合抜◇軽業◇曲独楽◇文織

演芸
◇猿若◇傀儡師◇夷舞◇覗きからくり◇住吉踊り◇代神楽◇獅子舞◇越後獅子

門付
◇万歳◇鳥追◇春駒◇猿舞◇節季候◇鉢敲◇歌念仏◇八打鉦◇風神払◇門説経◇高履

■江戸時代初期の芝居の舞台。舞台正面に花道があり、舞台の脇にも見物人がいる（戯場節用集）

芸能

木戸銭を払って小屋で見せる芸もあれば、往来で披露する芸もある

中国由来の芸能という言葉は、近年体を使って表現する歌舞音曲などの諸芸をいうが、かつてはその意味する事柄は多岐に亘っていて、第三章で紹介した学問、書画、文芸、第四章の茶の湯や立花などの遊芸も皆「芸能」の範疇に入る。

本書の結びとなるこの章では、歌舞音曲系を中心に「興行」と「大道芸」に分けて江戸時代の芸能の世界を見ていく。小屋に見物人を入れ、観覧料を取るものを興行、広場や寺社の社頭などで行うもの、あるいは移動しながら芸を見せて志をもらう門付《かどづけ》の芸を便宜上大道芸とした。

●芸能の極意　能の大成者、世阿弥《ぜあみ》の書いた『風姿花伝《ふうしかでん》』は「奥儀」の章で芸能について触れている。「抑《そも》、芸能とは諸人の心をやわらげて、上下の感をなさん事、寿福増長の基《もとい》、遐齢延年《かれいえんねん》の法なるべし。きわめきわめては、諸道悉に寿福延長ならん」と。かいつまんでいえば、芸能は見る者の気持ちを和らげ、上も下もなく感じ入り、幸せになって寿命も延びると。

■元日から十五日まで京の都に出た懸想文《けそうぶみ》売り。売物は芸ではなく偽の恋文だが、珍商売の思いつきが芸そのもの（近世奇跡考）

流罪となった世阿弥の遺産だろうか、佐渡島には村々に能舞台がある。近年減りはしたものの、昭和の頃にはおよそ五十もあった。草葺きの神社で催す薪能では篝火《かがりび》の脇にきちんと水干《すいかん》で正装した火の番が待機。何度か蓙《ござ》の上で見る経験をした身には、世阿弥の言葉はまさに名言と思える。余談はさておき、江戸期の能役者は基本幕府や大名家の御抱えで、彼らの演じる能は武家のものであり、下々とは余り縁のないものだったようだ。

●庶民の娯楽は芝居　江戸の市中は芝居好きにとって天国。毎年どこかに團十郎が出る本格の小屋が三軒日本橋界隈にあった。これは「江戸三座」と呼ばれる幕府公認の芝居小屋で、中村座、市村座、森田座。一日がかりで楽しむ江戸時代の芝居見物は飲食も含めて高額になりがちだが、懐具合を気にしなくていいのが「おででこ芝居」。おででこは非官許の小屋のため公認の証、櫓は上げず、三座の役者も出ないがそれなりに人気があった。

●巡り歩く芸能者　一見華やかな興行の世界とは異なる芸能も江戸期にはたくさんあった。本章の最後の方に紹介した門付の芸は、本文に添えた図を御覧頂けば分かる通り、奇天烈《きてれつ》なものも多々ある。「八打鉦《はっちょうがね》」「高屐《たかあしだ》」などはある程度修業も要ると思われるが、はたして世阿弥のいう芸能と一括りにしてよいものかどうか、疑問が残る。見て、心は和むだろうか。ただ、そのような芸で生きていける江戸という時代は羨ましくもある。

興行

小屋に人を集めて諸芸を見せ、木戸銭を取る興行の世界。お上公認の印、櫓を上げて太鼓を打ち鳴らす芝居、相撲は歴史が古く、江戸後期には寄席も出現。

能役者

●のうやくしゃ

鹿苑院相国公（室町幕府三代将軍足利義満）の時代に観世世阿弥という人が、幕府の能太夫として一家をなし、興した観世流は今も第一だと『人倫訓蒙図彙』にある。観世から金春、宝生が分れ、金春から金剛座が分れ、これらを四座《しざ》といい、徳川二代将軍秀忠の後ろ盾で創設された喜多流を加えた四座一流《しざいちりゅう》が能の家。

俳優

●わざおき

■滑稽な所作や歌で人びとを楽しませる俳優（頭書増補訓蒙図彙）

『頭書増補訓蒙図彙』には俳優というのは雑戯であり今いう狂言師の類だろうとある。平安時代の田楽、猿楽、室町期の能狂言、江戸の歌舞伎へと繋がる芸能の流れは、大昔に中国から伝わった見世物芸、雑戯が原点といえそうだ。

■能役者と囃子方（人倫訓蒙図彙）

狂言師
●きょうげんし

江戸時代に狂言といえば芝居を指すことが多いが、狂言師は能狂言を演じる役者。狂言を能の間に入れることで気を転換させて、笑いを催すように考えたからだろう、根底は狂戯をもっぱらとして、人の心を慰め、笑いをおこすことが大切と『頭書増補訓蒙図彙』にある。

■対話と所作で笑いを誘う狂言師（頭書増補訓蒙図彙）

地謡
●じうたい

謡の地の文、つまり物語の背景などを数人で謡うのが地謡で、能にも狂言にもある。謡について、『人倫訓蒙図彙』には詞は柔らかく、日本の詞で綴り、枕詞も巧みに、詞の縁を第一としている。神事、祝言の場、遊宴の座敷においてこれを謡わないということはないとある。

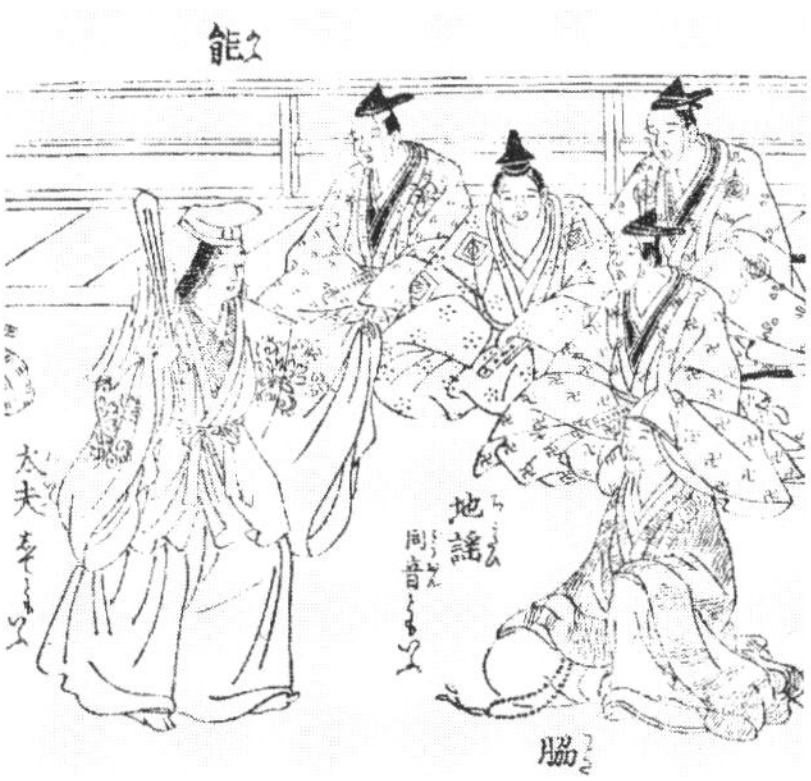

■同音ともいう地謡。手前はシテの能太夫とワキ（頭書増補訓蒙図彙）

能狂言

役者の身分●世阿弥の頃は室町将軍家、その後戦国大名の贔屓を得て隆盛を極めた能は、江戸時代になると武家の式楽《しきがく》と定められる。城中の儀式で能を演ずる役者の身分は士。四座一流の太夫たちは皆俸禄（給料）や広大な屋敷を与えられ、一座の役者は敷地内の長屋に住まった。

囃子方
●はやしかた

能役者は演ずる役のシテ方、ワキ方、狂言方の「立方《たちかた》」と「囃子方」に分かれる。歌舞伎狂言にも囃子方はいるが、能狂言では四拍子《しびょうし》と称する四つの楽器を奏する笛、小鼓《こつづみ》、大鼓《おおつづみ》、太鼓《たいこ》の専門職。

四拍子
●しびょうし

■太鼓、大鼓、小鼓、笛の四拍子。観世を始め、各座は皆傘下に囃子方を抱えた（頭書増補訓蒙図彙）

能狂言

能面●大別すると翁（老人）、男、女、怨霊、鬼神。左図は『永代節用無尽蔵』所載の「能面之図式」。上段は小面《こおもて》を始めとする女面、下段は翁面。左頁上段は男面、下は怨霊や鬼神。般若によく似た「生成《なまなり》」は角が小さくいわばなりかけの般若。

■能面（永代節用無尽蔵）

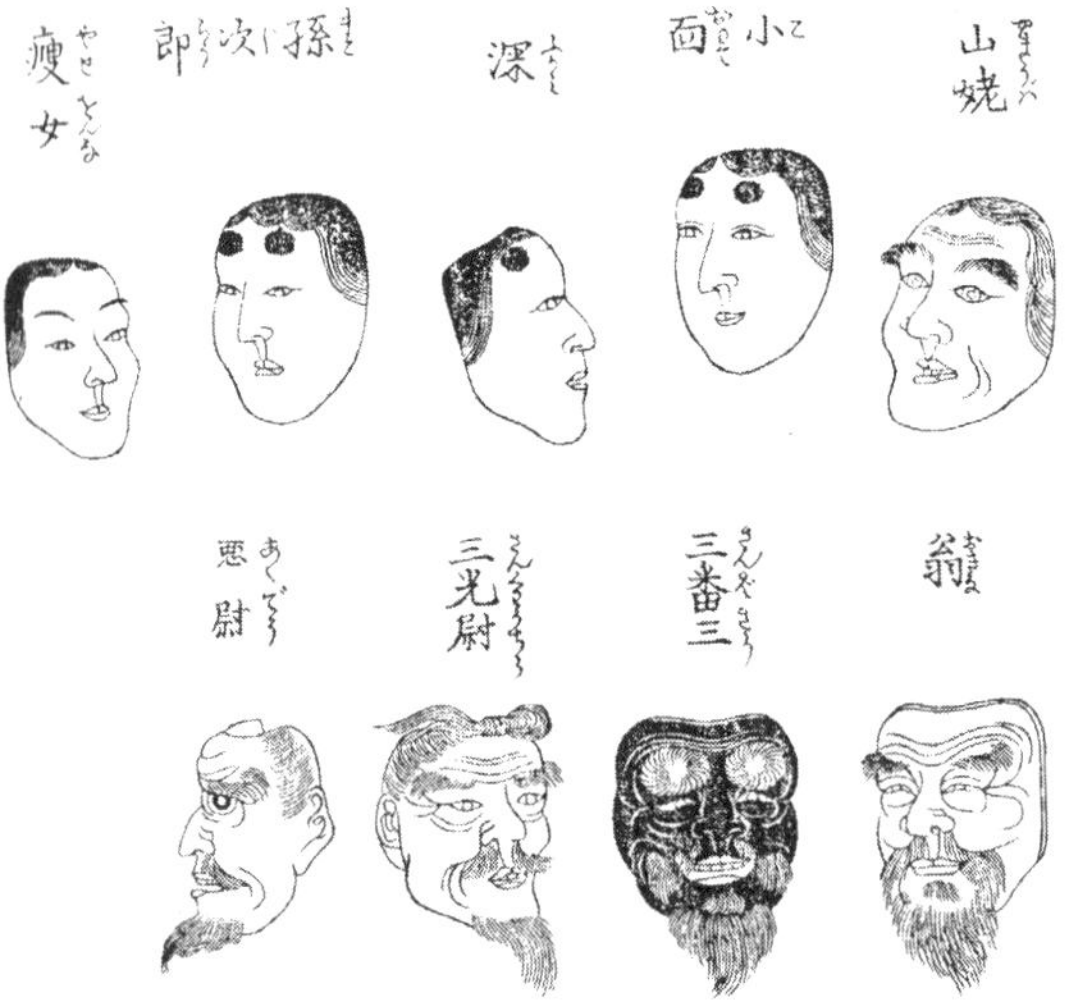

面打
●めんうち

主役のシテがつける能面や狂言面を作るのが面打。『人倫訓蒙図彙』には楽人、能師これを求むとあり、面打の名家として京堀川、江戸尾張町、日比谷の出目家《でめけ》の名を挙げている。楽人は宮廷や寺社に所属する雅楽の奏者のこと。

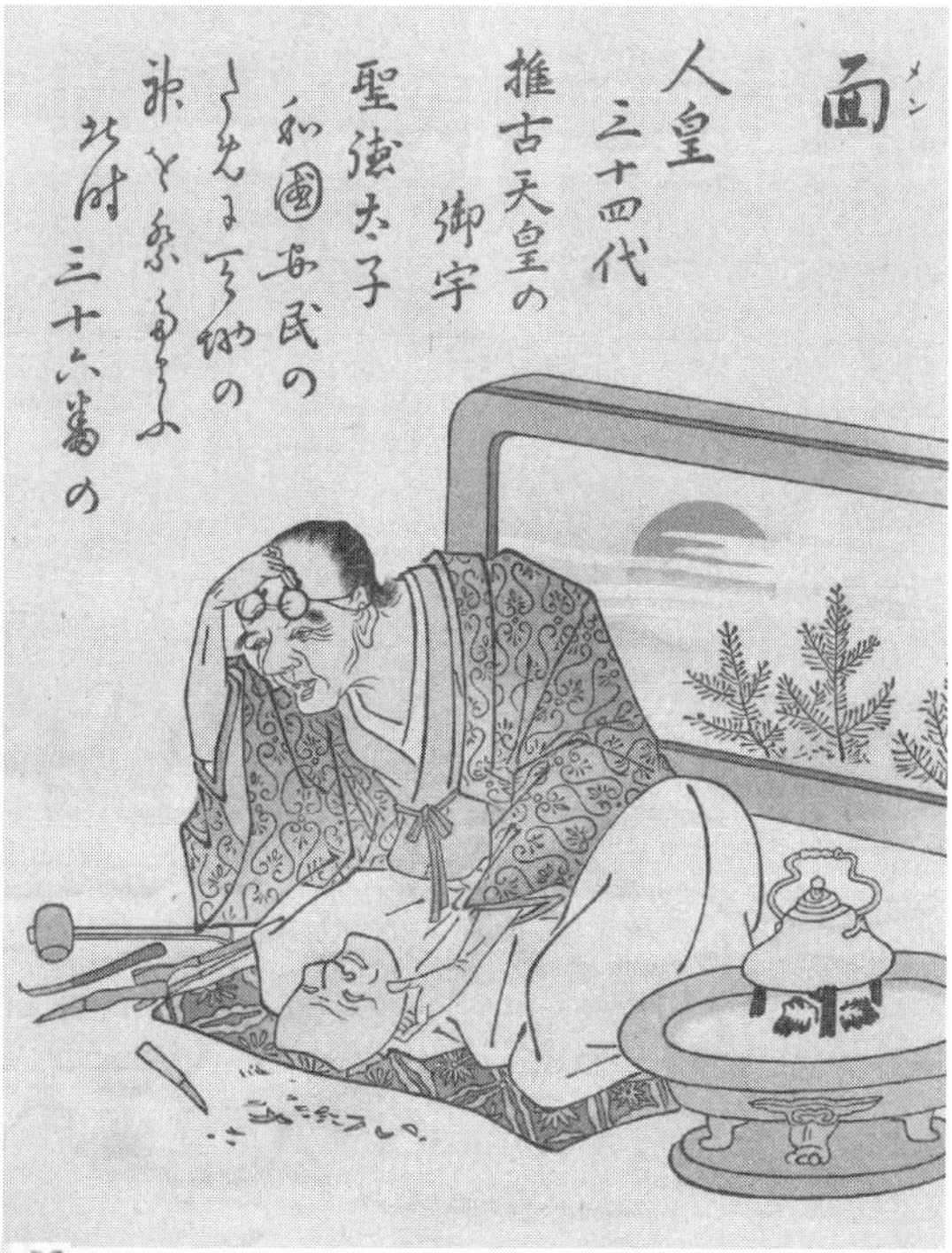

■江戸期には世襲制だった面打（彩画職人部類）

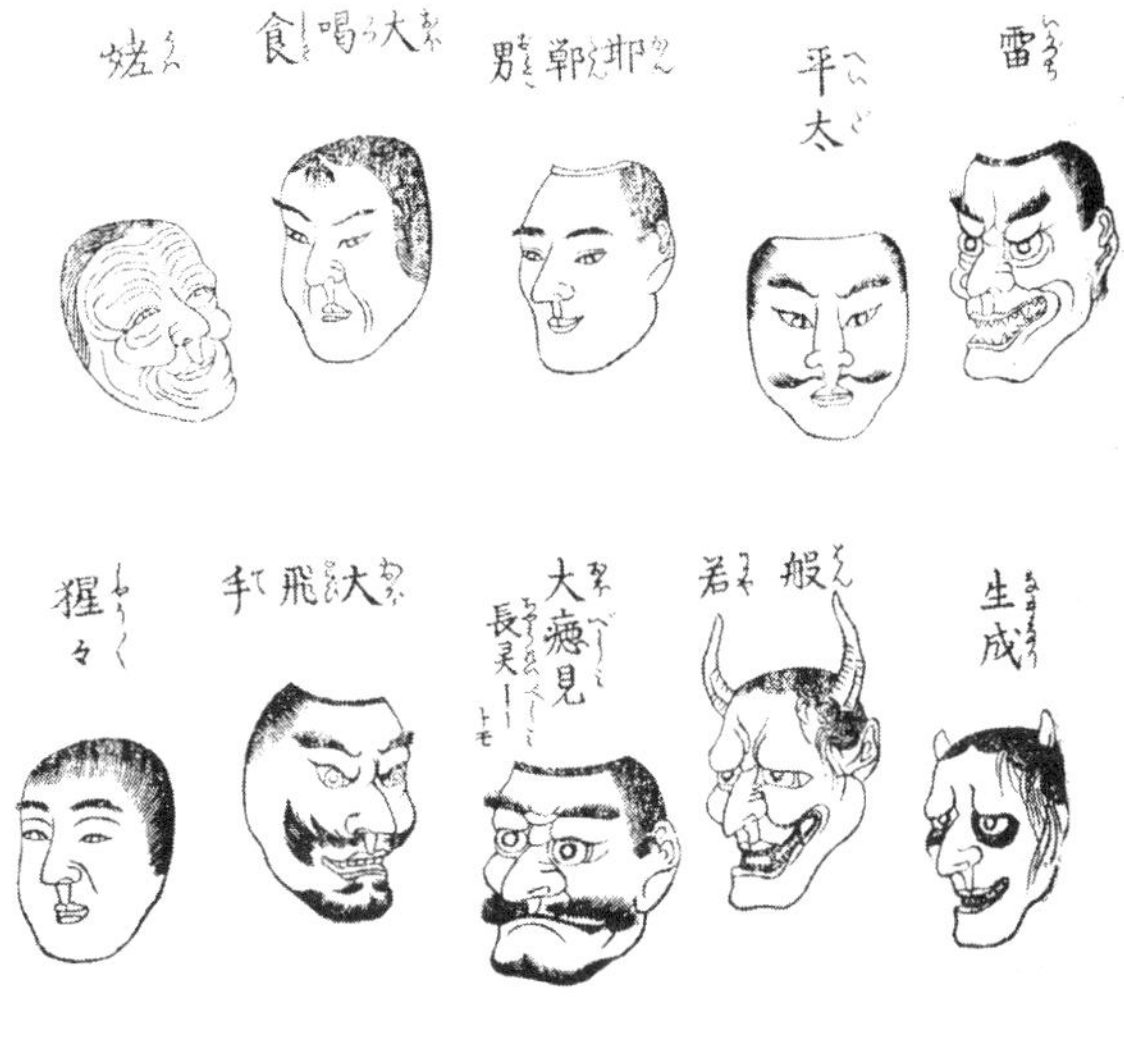

■面の種類はおおよそ60種。彫る、削るではなく打つという（人倫訓蒙図彙）

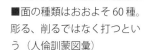

芝居

芝居の起源について『頭書増補訓蒙図彙』には河原の芝の上に薦などを敷いて狂言などを見たのだろう、芝の上から始まったので芝居というとある。江戸の初期には大道芸の放下師《ほうかし》、傀儡師《くぐつし》などの仲間だったが、次第に衣服から器物《きぶつ》に至るまで華美になり、立役、女形、敵役などとそれぞれに役を分けて、三ケ津（京坂江戸）に常芝居が許され、諸人の遊ぶ所となっているともいう。

■江戸三座の一つ、日本橋堺町にあった中村座。他の二座は入れ替わりもあったが森田座と市村座（絵本続江戸土産）

芝居役者

●しばいやくしゃ

■一切男の役をするのが立役。見るとそのまま憎らしく、無理な事をいう敵役は悪人方ともいう（頭書増補訓蒙図彙）

作者

●さくしゃ

芝居の脚本を書くのが狂言作者、詰まって作者という。古くは役者が兼ねることが多く、初代市川團十郎は三升屋兵庫《みますやひょうご》の名で作者としても活躍した。専業作者は上方の近松門左衛門を筆頭に江戸の桜田治助《さくらだじすけ》、鶴屋南北《つるやなんぼく》らがいる。作者にも役者同様に位があり、見習から始まって最高位は興行の企画にも権限を持つ立作者《たてさくしゃ》。

■作者の仕事は多岐に亘る。正本《しょうほん》（脚本）を仕上げたら本読み。主だった役者に芝居の内容を話し、読み合わせや立ち稽古などの過程を経て、惣稽古《そうげいこ》で注文を出す（戯場節用集）

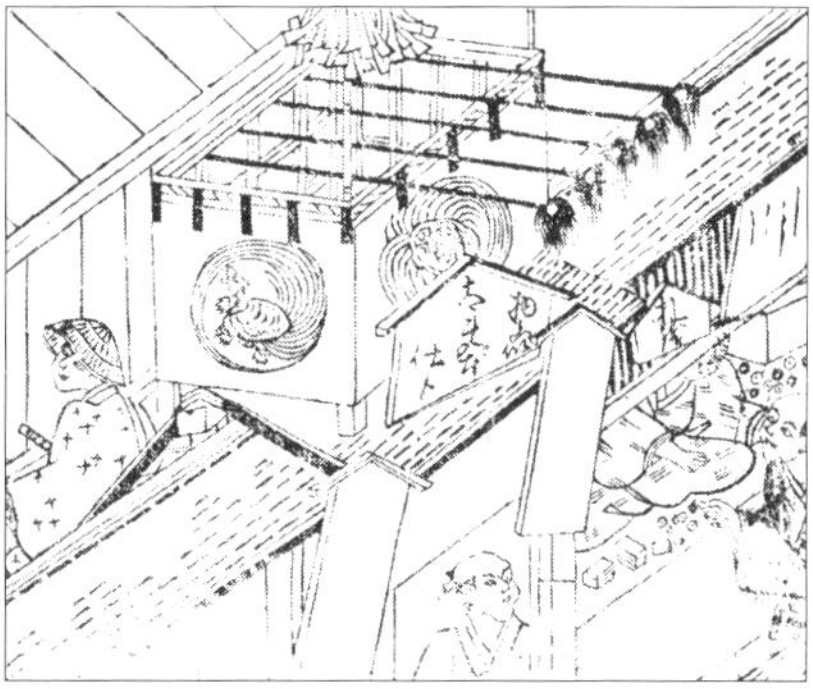

■通行人の気を引こうと口上を述べる木戸番（人倫訓蒙図彙）

近松門左衛門●浄瑠璃作者であり、歌舞伎狂言の作者でもあった近松門左衛門は時々で軸足を移動しながらどちらでも傑作を残している。上方の名優坂田藤十郎と組んで狂言を書き、代表作は時代物の「傾城仏の原」。

木戸番

●きどばん

芝居小屋の正面に設けた入口は、茶室の躙り口《にじりぐち》のように背をかがめて入る鼠木戸《ねずみきど》。その脇で声高に喚いて客を引く騒がしい番人が木戸番。ちなみに、町々の境に設けた町木戸《まちきど》の番人のことも木戸番と呼んだ。

芝居

■役者の地毛を梳いて鬘用の小さい髷、鬘下《かつらした》を結う床山（戯場楽屋図会）

床山

●とこやま

床山は髪を結うのが仕事。江戸時代の役者は、舞台に上がる前は町人髷《ちょうにんまげ》を結っているのが普通で、そこへ鬘を付けることになる。床山は役者の髷を一端ほどいて鬘が付け易いように小さく結い直す。付ける鬘を役柄に合せて結い直すのも床山の仕事。

■鬘師。銅を叩いて下地を拵え、上に毛髪を植える（人倫訓蒙図彙）

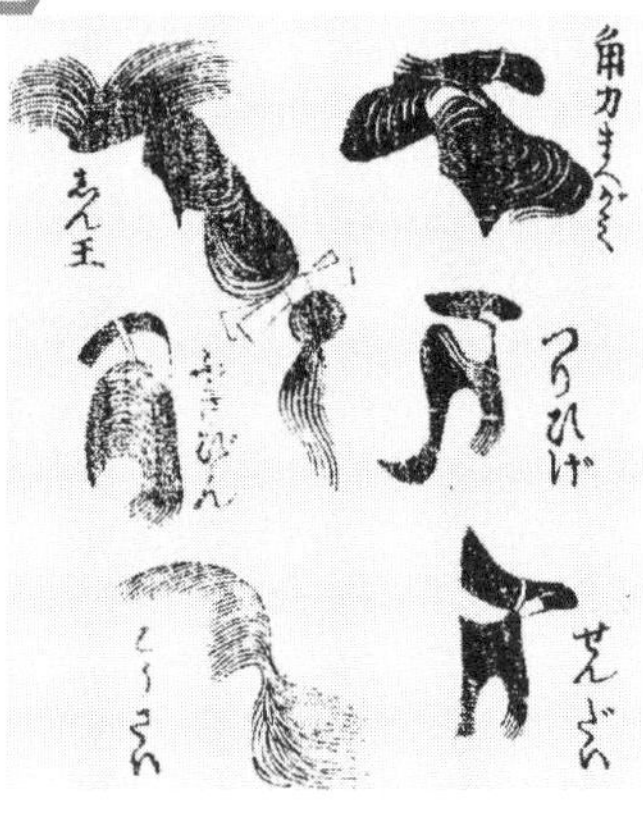

■立役の髪型（戯場訓蒙図彙）

鬘師

●かずらし

芝居役者が使う鬘は承応三（一六五四）年に始まり、かつては鬘はなかったと『守貞謾稿』にある。役者は当初自分の髪で種々の役を演じたが、女方用に考案されたのを手始めに若衆方、親仁方《おやじかた》他多くの鬘が作られた。

芝居茶屋

●しばいぢゃや

芝居見物に茶屋は付き物。前もって桟敷を押さえ、贔屓の客に便宜を図る。客は茶屋の案内で観覧場所に行き、幕間には茶屋へ戻って食事もする。京坂の芝居茶屋には遊女や芸子を呼ぶこともできた。江戸では町芸者なら呼べた。

■芝居茶屋。上方から江戸に下った役者は茶屋に挨拶廻りをした（戯場訓蒙図彙）

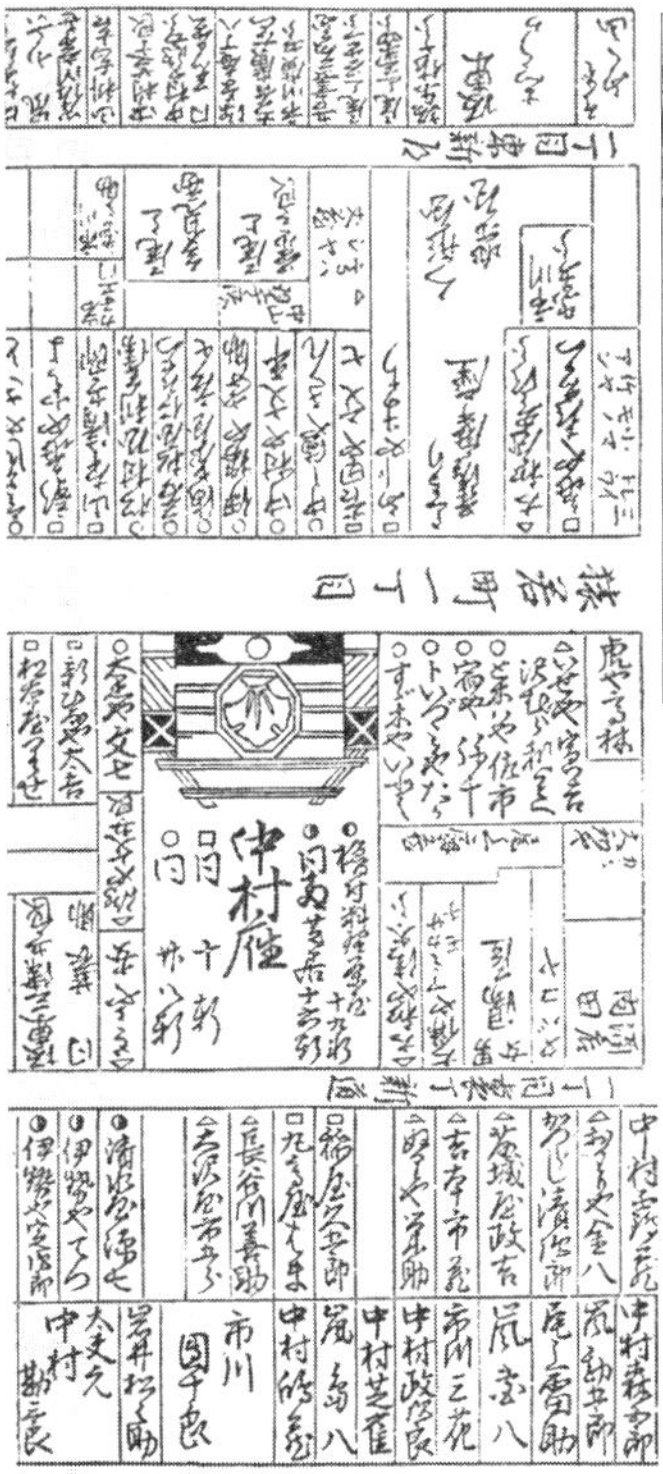

■天保の改革で日本橋から浅草猿若町に移った芝居町の絵図。中村座の両脇、向かいは芝居茶屋が軒を連ねる（歌舞妓年代記）

人形芝居

●にんぎょうしばい

人形芝居、別名操芝居《あやつりしばい》は始めは人形を糸で吊って操っていたが、その後巧者が出て、江戸中期には自由に人形を動かすことができるようになり、生きているようだと『頭書増補訓蒙図彙』にある。大坂難波の竹本、豊竹の両芝居が根元。

■一役を三人で遣う人形芝居（頭書増補訓蒙図彙）

人形芝居

■舞台の裏手で稽古をする浄瑠璃太夫（人倫訓蒙図彙）

浄瑠璃太夫

●じょうるりたゆう

浄瑠璃語りは古くからいたが、江戸初期の大坂に竹本座を開いた竹本義太夫が作者の近松門左衛門と組んで大人気となる。以降、太夫は人形芝居の語りはもとより、それを元にした歌舞伎狂言でも活躍。江戸の中期から流行った寄席でも、夜毎三味線弾きと二人で高座を勤めた。

■人形浄瑠璃として作られた演目を語る歌舞伎舞台の浄瑠璃太夫。右は囃子方の三味線（神事行燈）

■合戦の場を演じる人形遣（人倫訓蒙図彙）

人形遣

●にんぎょうつかい

人形浄瑠璃の人形を操るのが人形遣。始めは人形の着物の裾から手を入れて遣う一人遣いで、江戸中期に手足を別人が操る三人遣いが登場する。傀儡師、夷舞（179頁参照）は浄瑠璃抜きで一人でする人形遣といえる。

話芸

講釈師
●こうしゃくし

講釈師は古い戦の話を読んで解説し説く者で記録読みともいうと『守貞謾稿』にある。当節の講談師のことで、江戸の寄席、京坂では講釈場と呼ばれる席で軍談などを読む。ちなみに寄席、講釈場ともに講釈も噺も聞かせる。

■平服で講じる講釈師。講釈の料金は一人48文。未熟の者は36文で、童形はこの半銭（狂歌倭人物初編）

太平記読
●たいへいきよみ

近世より始まる、太平記を読む物もらいだと『人倫訓蒙図彙』にある。京の糺の森《ただすのもり》あたりで筵を敷いて講釈をするという大道芸のひとつ。この芸は、後に寄席や講釈場で客を大いに沸かせた講釈師へ受け継がれた。

■見台（書見台）を兼ねた机を扇で叩いて拍子を取る講釈師（絵本庭訓往来）

■門付の芸だった太平記読（人倫訓蒙図彙）

太平記●『平家物語』に並ぶ軍記物語。鎌倉時代の末期から南北朝に続く公武の騒乱を描いた大長編物語で、室町三代将軍足利義満の頃に完成といわれる。

■北野天満宮で辻咄を演じる上方落語の祖、露の五郎兵衛（近世奇跡考）

咄家

●はなしか

今いう落語家のこと。能楽や漢詩同様に「落語」も明治以降の呼び方で、江戸期には単に咄（噺）といった。仕事の場は京坂では講釈場、江戸は寄席というが実態はほぼ同じで、滑稽噺、落し噺、昔噺などをやる。落し噺は最後に落ちがつく滑稽なもので、昔噺は人情噺の類。

■高座の咄家（早引漫画）

■手妻（手品）師も高座に上がる（早引漫画）

寄席●幕末には各町内に一、二ヵ所は寄席の看板の行灯をかけたところがあるが、寄席のない頃は芝居が休みの時に日本橋芝居町の茶屋の二階か広い空き店を五、六日借りて噺をしたと『守貞謾稿』にある。江戸に初めて寄席が出来たのは寛政十年（一七九八）。

■寄席では三味線弾きと組み、正装して浄瑠璃を語る（商売往来絵字引）

相撲

■「古画相撲図」。相撲取りが輪になって土俵の代わりをしている。土俵が登場するのは江戸初期の元禄頃で、そこで初めて寄切りの決まり手も誕生（近世奇跡考）

■大名家に取り立てられた力士の身分はお上公認の武士となる。江戸期の最高位大関を長く勤めた伝説の力士、雷電為右衛門は出雲松江藩の御抱え。図は森大名の御抱えとある（狂歌倭人物初編）

相撲取り

●すもうとり

江戸時代の相撲は神社仏閣の再興費用を捻出する名目の勧進相撲《かんじんずもう》。管轄する寺社奉行の許可を得て興行が許された。両国の回向院《えこういん》、深川八幡、蔵前八幡の三カ所。期間は十日ずつ二場所。常設ではなく、興行の際に小屋組みをした。

大道芸

大道芸は天下の往来でする芸、辻芸。芸を見せて投げ銭を得るもの、あるいは物を売るための人集めに行うものがある。移動しながら芸で銭を乞うのが門付。

辻芸●辻と名のつく芸はいわゆる大道芸ばかりではなく江戸時代には辻能、辻狂言、辻講釈、辻咄などがあった。これらはそれなりの小屋で催す本格興行の箇易版といったところ。

放下師

●ほうかし

放下とは放ち下すことで、禅家において諸縁を打ち捨てることを放下するというと『人倫訓蒙図彙』にある。小さな玉をいくつも投げ上げては受ける「品玉」や図のような皿回しなどの曲芸を見せる。文織《あやおり》（178頁）も放下の仲間。

■寄席演芸に引継がれた皿回しをする放下師（人倫訓蒙図彙）

口上商人

●こうじょうしょうにん

口上を述べながら、合わせ薬や鬢《びん》付《つけ》油《あぶら》の類をを売る商人。各地の市や開帳など、人の集まる所に出向いて弁舌巧みに物を売る。

■貝殻に薬を詰めて売る口上商人（人倫訓蒙図彙）

曲芸

■箱や三方などを積み重ね、その上で大太刀を抜く居合抜（今様職人尽歌合）

居合抜《いあいぬき》

瞬時に刀を抜いて相手を斬るのが「居合」。侍の武術を見世物にした居合抜は芸を餌に人を寄せ、歯磨粉や薬を売る。浅草の松井源水、蔵前の長井兵助らが有名。兵助は歯医者でもあり、路上で治療もしたという。

軽業《かるわざ》

綱渡りや梯子《はしご》乗りなどの危険を伴う芸が軽業。江戸期は綱渡りが人気。当初二本だった綱が一本になり、やがて一本竹まで登場する。一本竹は天明の頃の軽業師、麒麟太夫の考案で、これを機に「きりん」が軽業師の代名詞にもなったという。

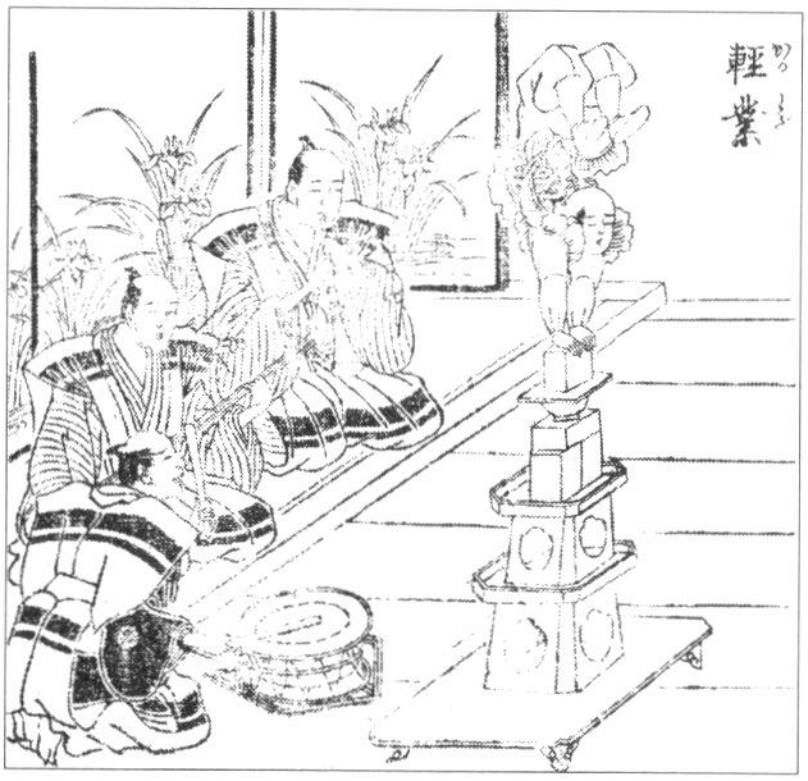

■軽業は往来や見世物小屋でやるのが普通だが、座敷に呼ばれることもあったか（頭書増補訓蒙図彙）

■梯子乗りにしくじった軽業師（神事行燈）

曲独楽

●きょくごま

曲独楽は独楽回しの曲芸。居合抜で知られた松井源水は後に曲独楽に転じ、浅草奥山の盛り場で独楽を回して人を集め、歯磨粉や先祖伝来の売薬、越中富山の反魂丹《はんごんたん》を売った。

■扇子に独楽を載せたり、綱渡りをさせる独楽回し（今様職人尽歌合）

文織

●あやおり

文織は二つ三つ四つの竹を持って、上下へ上げ下ろす手品だと『人倫訓蒙図彙』にはあり、機を織るときの足の使い様が似ているのでその名があると。

■文織。投げ上げているのは鎌、鞠、中に銭を仕込んだ銭太鼓のようだ（人倫訓蒙図彙）

■「猿若」を演じる中村座の初祖、猿若勘三郎（風流四方屏風・鳥居清信）

芝居の「猿若」●江戸歌舞伎の元祖、猿若座（後の中村座）に伝わる寿狂言。市村座、森田座にも創立当初からの寿狂言があり、寿興行の際に上演した。

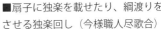

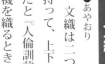

演芸

猿若

●さるわか

猿若は元々阿国歌舞伎《おくにかぶき》の頃の道化役をいうが、大道芸の猿若は一人狂言。『守貞謾稿』によれば両国橋際の広小路で顔を塗って、三座の芝居のようなことをするという。

■一人狂言の猿若（人倫訓蒙図彙）

■毎年正月に来るという傀儡師（頭書増補訓蒙図彙）

傀儡師

●かいらいし

傀儡師は古の人形遣のことで、首から下げた箱の舞台で人形を舞わせる。『貞丈雑記』には傀儡は「くぐつ」と読んで人形の事なり、歌をうたい人形をまわすものだとある。

夷舞

●えびすまい

『人倫訓蒙図彙』には夷舞として昔は夷の鯛を釣るところを真似たが、今は能や踊りの真似、色々を尽くす。世にいう傀儡師は是なりとある。

■摂津西宮の夷舞。西宮の差し向かい、海を隔てた淡路島にもこの流れがある（人倫訓蒙図彙）

演芸

■見物料は4文から8文。物語は於染久松妹背門松、於半長右衛門桂川恋柵、石川五右衛門釜ヶ淵、忠臣蔵など（今様職人尽歌合）

覗きからくり

●のぞきからくり

京坂では下を略して覗きといい、江戸では上を略してからくりという。祭、縁日に境内や人通りの多い往来で簡単な芝居を見せる子供相手の見世物。正面の絵は看板。後ろに設えた紙張りの箱の中に五、六枚絵が吊ってあり、箱の左右に立つ二人が交互に語りながら順番に絵を変えていく。

■硝子を張った穴から中を覗き見る覗きからくり（諸職人物画譜）

住吉踊り

●すみよしおどり

「住吉のほとりに出る。踊り手は菅笠に赤い絹の縁を垂れて顔を隠し、白い着物に赤前垂を掛けている。手に団扇を持ち、中に笠鉾《かさぼこ》を立てて踊る」と『人倫訓蒙図彙』にある。

■大坂の住吉神社に始まる住吉踊り。江戸期には願人坊主《がんにんぼうず》という僧形の物乞いが大坂の市中を回って踊った（人倫訓蒙図彙）

■笛、太鼓、鼓の奏でる音曲に合わせて獅子が舞う江戸初期の代神楽（人倫訓蒙図彙）

代神楽

●だいかぐら

諸国を回り、代参祈願の獅子を舞わして神札《しんさつ》を授ける。『守貞謾稿』によれば、各地に「太々講」があり、月掛け、日掛けで銭を集め、講中より十人、二十人で伊勢両宮に詣で、神楽を奉納する費用にする。多くの人に代わって参詣し奉楽するのが代神楽という。

■片隅に獅子頭が見えるが、主役は放下師（176頁参照）のような曲芸をしている宝暦（一七五一～六四）頃の図（守貞謾稿）

■幕末の代神楽。図では獅子舞の余興だった曲芸は本芸になっている。こうなると伊勢参詣の代参祈願の意味合いは消えて、芸そのものを見せる諸国巡業といえる（守貞謾稿）

■曲芸も伴う代神楽の獅子舞（今様職人尽歌合）

■小鼓のような太鼓、腰鼓を打ちながら舞う獅子舞（人倫訓蒙図彙）

獅子舞

●ししまい

獅子舞は獅子頭を被って舞う芸能で、前頁の「代神楽」も「越後獅子」も獅子舞。歌舞伎の馬役のように前後ろを二人で受持つ神楽系の獅子舞は正月の門付《かどづけ》芸でもあり、昭和の頃までは普通に見られた新年の風物詩。

■鶏の羽を付けた獅子頭を被って踊り、宙返りなどを見せる越後獅子（今様職人尽歌合）

越後獅子

●えちごじし

『守貞謾稿』には越後国から来るので京坂では越後獅子、江戸では角兵衛獅子《かくべえじし》と呼び、十歳くらいの子が舞い、親方が言葉をいうとある。越後発祥の芸能で、親方が童子を連れて一年中諸国を回った。

万歳 ●まんざい

『頭書増補訓蒙図彙』には万歳楽《まんざいらく》は年の始めにめでたいことを取揃えて祝い、舞うことで昔からあるという。都に来るのは大和から出る農人で大和万歳といい、東国には三河国から出る三河万歳がある。

■聖徳太子の頃、烏帽子、装束を給わられたので江戸期にも烏帽子、素襖《すおう》を着しているという（頭書増補訓蒙図彙）

■万歳の太夫と才蔵。才蔵（左）の鼓に合わせて太夫が謡う（人倫訓蒙図彙）

■三河万歳の太夫と才蔵。毎年暮れに才蔵市なるものが日本橋に立ち、道化の役をする才蔵はそこで雇われたという（今様職人尽歌合）

門付

漫才●音は同じ漫才のルーツは万歳。始まりは明治時代の上方で、当時は万歳の太夫才蔵のような音曲を交えた掛合だったという。その後二人でしゃべり倒すコンビの登場で大人気となり、現在に引継がれている。

門付

■元日から十五日頃まで門々を訪ねる鳥追。心付けは紙に包んで十二文（今様職人尽歌合）

鳥追
●とりおい

三味線を弾きながら町をそぞろ歩いて門付をする女を女太夫《おんなだゆう》という。いつもの菅笠を正月だけ編笠に変えて、小正月行事で唱われた「鳥追歌」を唄う。中旬を過ぎると菅笠に戻るが、編笠の時を鳥追という。

■化粧をして服も新しく、しばしば美しい人がいるという女太夫（守貞謾稿）

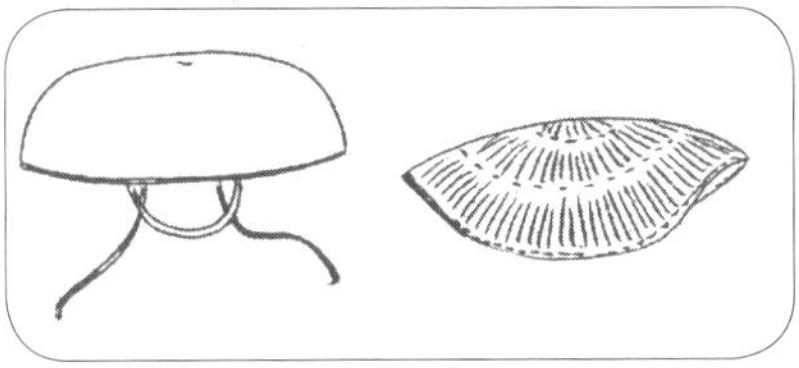
■鳥追の編笠（右）と菅笠（守貞謾稿）

春駒
●はるこま

万歳は造宅の祝事、鳥追は田植えの祝い、春駒は養蚕の祝いで、この三つは衣食住を表わし、これを重んじて新年の祝いとしたという。春駒は作り物の馬の頭を手に持ち、めでたい歌を唱いながら門付をした。

■新年の門付芸、春駒（諸職人物画譜）

猿舞

●さるまわし

猿回し、猿曳、猿飼と色々な名がある猿舞は猿に芸を仕込んで見世物にする。『頭書増補訓蒙図彙』には年の始めに御所に出向き、めでたい舞を舞い、牛馬を飼う田舎では取入れの時分に祈祷の舞をするとある。

■京都に来る猿舞は伏見周辺に住む者たち（頭書増補訓蒙図彙）

■猿舞。羽織に編笠を被り、腰に着けた籠に米を入れる（人倫訓蒙図彙）

節季候

●せっきぞろ

節季（歳末）ですよ～と囃して回る賑やかな門付が節季候。江戸初期に流行ったが、幕末には京坂では廃れて尾張以東、主に江戸市中に出た。『守貞謾稿』には江戸の節季候は紙の頭巾に紙の前垂れを着た男女が簓《ささら》をすりながら太鼓を打ち、忙しい最中に来て囃し、銭をもらうとある。

■初期の節季候。顔を覆うのは紙ではなく赤い布製の頭巾。笠には羊歯《しだ》の一種、裏白の葉を挿している（人倫訓蒙図彙）

門付●家々を回り、門口で芸を見せては金や米などをもらうこと。正月の万歳や鳥追、節分の厄払いなどはその時季にやって来るが、鉢敲《はちたたき》、門説経《かどせっきょう》などは季節を問わない門付芸。

■先祖は平安時代の宗教者、空也上人の時代の猟師だという鉢敲（頭書増補訓蒙図彙）

鉢敲

●はちたたき

鉢あるいは瓢簞を叩きながら念仏を唱え、冬の洛中を巡る別名「空也念仏《くうやねんぶつ》」。期間は十一月十三日の空也忌から翌月の二十四日までで、普段は空也から教えを賜ったという茶筅《ちゃせん》作りが生業。

門付

歌念仏

●うたねんぶつ

古くは仏の名号《みょうごう》、南無阿弥陀仏に節をつけて唄っていたが、唄浄瑠璃のこともいうようになる。唄浄瑠璃は常磐津や清元、新内節など、語りより唄に近い浄瑠璃。

■歌念仏。万徳円満の仏号に節を付けて、鉦を叩きながら唱う（人倫訓蒙図彙）

八打鉦

●はっちょうがね

歌念仏の類で、念仏を唱えて一心不乱に踊る門付の芸。いつの頃からか只一筋に廻り始め、口に唱える念仏をも略し、無二無三に巡るを手柄にするとは見るに苦しき世渡りなりと『人倫訓蒙図彙』はいう。

■首に下げた鉦を打ちながら念仏を唱える八打鉦（人倫訓蒙図彙）

風神払 ●かぜのかみはらい

世間に風邪が流行ると疫病神の「風の神」を追い払うと称して出没するのが風神払。面を被って太鼓を打ち、物をもらう。流行病《はやりやまい》に怯えた当時の人びとは疎ましく思いつつも米の一握りを取らせたのだろう。

■「通れ」というとなお太鼓を叩く風神払（人倫訓蒙図彙）

門説経 ●かどせっきょう

羽織に編笠、腰には刀を帯びて、説経節を謡った門付芸。仏の教えを説く説経は節を付けて語ることもあり、これが音曲に転じたのが説経節。

■江戸初期に流行った門説経。手にする楽器は左から簓、三味線、小弓と呼ばれる胡弓（人倫訓蒙図彙）

■高屐。銭を受取ると薄板に戒名を書いて、上から桶の水を樒の枝で注ぐ。どんな動作も見る者を冷や冷やさせる芸（人倫訓蒙図彙）

高屐 ●たかあしだ

高屐は歯の高い足駄（40頁参照）のことだが、門付のそれは鳥の脚に似せた鳥足という危うい履物。頭上には樒《しきみ》と水の入った手桶を頂き、首に掛けた鉦を唱いながら叩く。

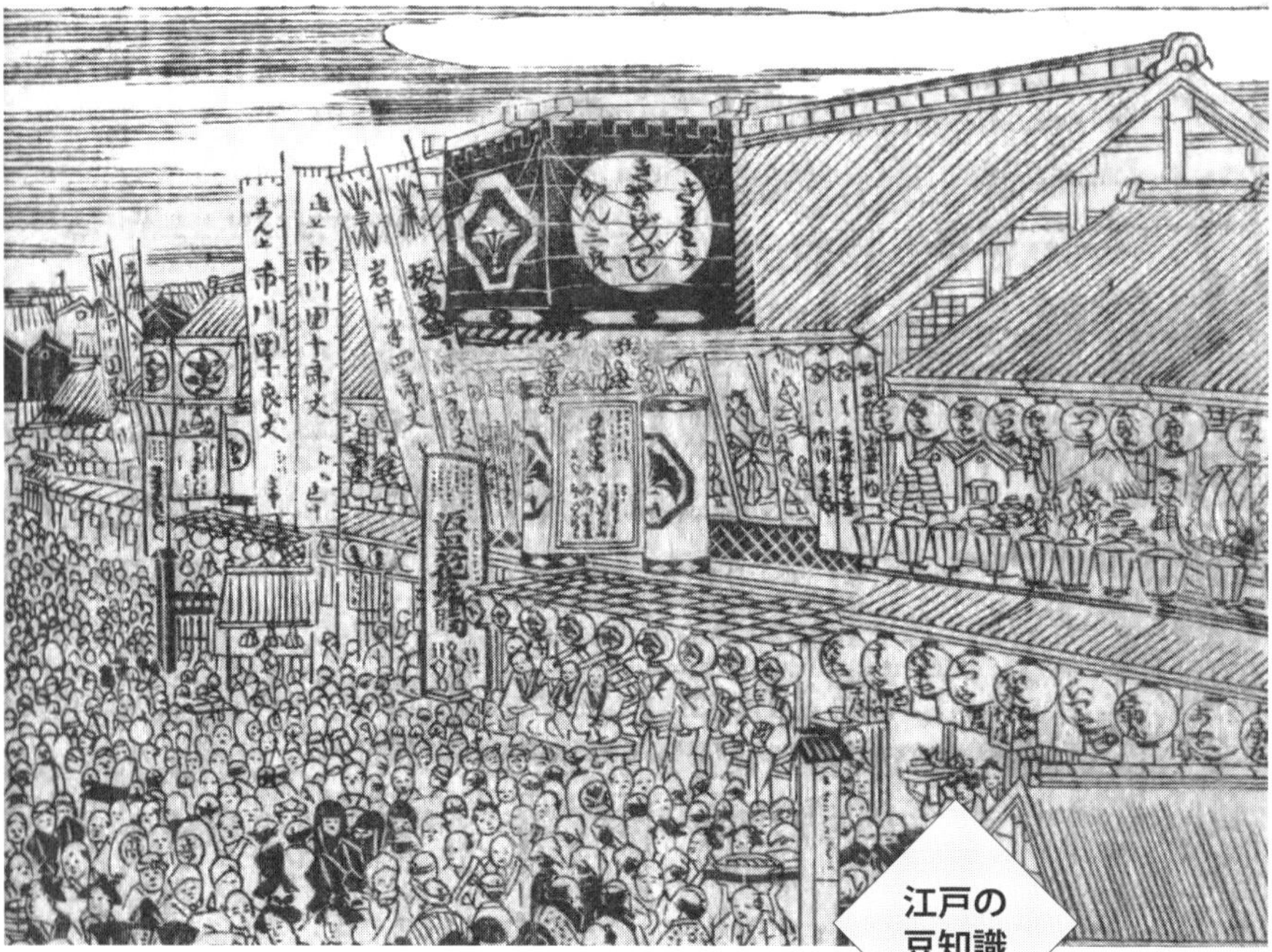

江戸の豆知識

■五代目市川團十郎。隠居名、俳名ともに白猿。六代目團十郎が若くして亡くなると、市川白猿の名で舞台に戻り、孫の市川ゑび蔵（七代目市川團十郎）に芸を仕込んだという（戯場訓蒙図彙）

【一年で千両稼ぐ役者もいる】

●役者の給金は年俸制　寺社の境内などに設えた簡素な小屋掛で興行する小芝居《こしばい》はともかく、大芝居と呼ばれた三座に出る役者はそれぞれ小屋と契約を結ぶ。江戸初期の寛永元年（一六二四）に猿若勘三郎《さるわかかんざぶろう》が興した中村座を始め、市村座、森田座の三座は幕府公認の劇場として明治になるまで歌舞伎狂言を興行。絶大な人気を誇る役者はどの劇場でも欲しいも

のだが契約は一年毎で、その間役者は他の小屋には出られない。来年の夏までその座の一員として芝居をするということを観客にお披露目するのが毎年十一月一日から始まる顔見世興行。

●千両役者は実在する　富くじにでも当たらない限り目にすることはない、庶民には無縁の千両だが、役者の頂点に君臨する一握りの大立者の年俸は千両。正徳年間（一七一一～一六）の二代目市川團十郎と上方の初代芳沢あやめが最初の千両役者といわれている。自前で衣裳を誂えるなど持出しも多かったようだが、税金はない。ちなみに、位が落ちるにつれて八、九百両から二、三百両と下がり、最下級の駆出しは日雇いで二、三百文という。

■霜月朔日（十一月一日）、二丁町の芝居顔見世の図。右手前が日本橋堺町の中村座、奥が葺屋町の市村座。図にはないが木挽町（東銀座）の森田座にも贔屓の役者を待ちかねた見物が押し寄せる（東都歳事記）

あとがき

江戸時代に眼鏡は大変高価なものだったという。洒落本の挿絵や図案集などには大店の隠居やら高禄の武家、御抱えの学者といった暮らし向きに余裕のありそうな人たちの眼鏡姿が載っている。視力が低下しても、その日暮らしの長屋の住人には手が出なかったのだろう。そんな眼鏡。今時の感覚ならお洒落小物ともいえるものだが、当時はまったくそうではない。にもかかわらず本書では「袋物小物」の範疇として扱っている。ものを知らないにもほどがあるとお叱りを受けそうだが、これは「玉磨」の仕事を入れるなら、眼鏡も入れねばと思った次第。ついでに誂《あつら》えるところが紹介されている江戸時代の買物ガイドの該当頁も……。

こんな調子でメインの仕事に繋がるいわばおまけの情報も可能な限り伝えたい、そんな思いで編んだのがこの「仕事図鑑」。書籍にはかなりしっかりした分類法があるにもかかわらず、書店のなかには「こんなおまけの本はいかがですか」と関連の本を並べて発想豊かに棚作りをしているところもある。四角四面にきっちり仕分けをするのもそれはそれで理解し易いけれど、本書は気の利いた本屋の棚を目指してみましたので、ご賞味いただければ幸いです。

二〇二〇年三月吉日　著者

参考資料

＊北斎画譜　＊守貞謾稿　＊近世奇跡考　＊山繭養法秘傳抄　＊頭書増補訓蒙図彙
＊人倫訓蒙図彙　＊商売往来絵字引　＊今様職人尽歌合　＊彩画職人部類
＊絵本士農工商　＊萬物雛形画譜　＊宝船桂帆柱　＊戯場粋言幕の外　＊標準紋帖
＊徳川氏並諸家指物　＊諸職人物画譜　＊絵本庭訓往来　＊女遊学操鑑
＊江戸名所図会　＊女用訓蒙図彙　＊奥羽道中膝栗毛　＊小野篁歌字尽
＊江戸買物独案内　＊木曾路名所図会　＊絵本江戸みやげ　＊客者評判記
＊人情腹之巻　＊絵本続江戸土産　＊都風俗化粧傳　＊家内安全集　＊神事行燈
＊串戯二日酔　＊浮世床　＊民家育草　＊戯場訓蒙図彙　＊女大学　＊浮世風呂
＊春色恋廼染分解　＊永代節用無尽蔵　＊服色図解　＊日本山海名物図絵
＊両點庭訓往来　＊後藤家彫物目利　＊徳川盛世録　＊包結図説
＊童子専用寺子調法記　＊狂歌倭人物初編　＊北斎道中画譜　＊諸家地紋式
＊早引漫画　＊江戸大節用海内蔵　＊大工雛形　＊茶湯早指南　＊川柳江戸吉原図絵
＊吉原細見・慶応元年　＊狂言画譜　＊吉原細見・弘化二年　＊頭書弁解倡売往来
＊歌舞妓年代記　＊戯場節用集　＊戯場楽屋図会　＊東都歳事記　＊貞丈雑記
＊嬉遊笑覧　＊七十一番職人歌合

【よ】

【ら】

【り】

【れ】

【ろ】

【わ】

索引

著者
飯田泰子（いいだやすこ）　東京生まれ、編集者。企画集団エド代表。

江戸時代の庶民の暮らしにかかわる書籍の企画編集に携わる。

主な編著書は『江戸あきない図譜』『江戸あじわい図譜』『江戸いろざと図譜』（以上青蛙房）。

『図説 江戸の暮らし事典』『江戸萬物事典』『江戸商賣絵字引』『江戸落語図鑑　落語国のいとなみ』『江戸落語図鑑２　落語国の町並み』『江戸落語図鑑３　落語国の人びと』『江戸落語事典』『図説 江戸歌舞伎事典１　芝居の世界』『図説 江戸歌舞伎事典２　役者の世界』『江戸の仕事図鑑 上巻 食と住まいの仕事』（以上芙蓉書房出版）など。

江戸の仕事図鑑 下巻 遊びと装いの仕事
2020年4月15日　第1刷発行

著　者　飯田泰子
発行所　㈱芙蓉書房出版（代表　平澤公裕）
〒113-0033 東京都文京区本郷3-3-13
TEL 03-3813-4466 FAX 03-3813-4615
http://www.fuyoshobo.co.jp
印刷・製本　モリモト印刷
 ISBN 978-4-8295-0781-0

【芙蓉書房出版の本】

江戸の仕事図鑑　全2巻

上巻　食と住まいの仕事

下巻　遊びと装いの仕事

飯田泰子（企画集団エド代表）著　本体 各2,500円

へえー、こんな仕事があったんだ！

生活用具をつくる人から、ゆとりを楽しむ遊びの世界で働く人まで500種のしごとをすべて絵で見せます。

図説 江戸の暮らし事典

企画集団エド編著　本体 2,500円

おもわず感心してしまう“江戸人の知恵と工夫”を1000点の写真･図版で復元した圧巻のビジュアル事典！「あかり／時計と暦／勝手場／食器／酒器／化粧／喫煙具／人形／玩具／遊び／道中／関所／商いの道具／農耕の道具／祭り」など項目別に写真・図版を掲載。解説も充実。

図説 江戸歌舞伎事典　全2巻

1　芝居の世界

2　役者の世界

飯田泰子著　本体 各2,500円

江戸歌舞伎の雰囲気をあますところなく伝えるビジュアル事典。式亭三馬の『戯場訓蒙図彙』をはじめ、「客者評判記」「戯場楽屋図絵」「花江都歌舞妓年代記」などの版本から図版500点以上収録。

江戸落語事典　古典落語超入門200席

飯田泰子著　本体 2,700円

あらすじ、噺の舞台、噺の豆知識がぎっしり。落語ファン必携の早引きガイドブック。

江戸落語図鑑 1 ～ 3　飯田泰子著　本体 各1,800円